MAISON ET PAROISSE
DE
PISSELEU.

NOTICE
HISTORIQUE ET ARCHÉOLOGIQUE

PAR

R. DE MALINGUEHEN

Conseiller d'arrondissement du canton de Nivillers (Oise),

Membre correspondant de la Société française de Numismatique et d'Archéologie,
Membre de la Société Académique de l'Oise, etc.

BEAUVAIS

IMPRIMERIE D. PÈRE, RUE SAINT-JEAN.

1887

MAISON ET PAROISSE

DE

PISSELEU.

—

NOTICE

HISTORIQUE ET ARCHÉOLOGIQUE.

MAISON ET PAROISSE
DE
PISSELEU.

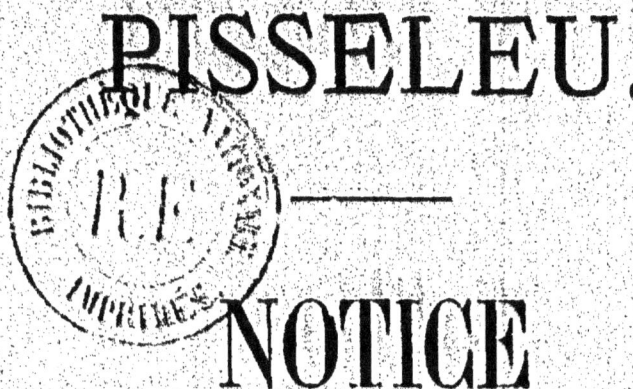

NOTICE
HISTORIQUE ET ARCHÉOLOGIQUE

PAR

R. DE MALINGUEHEN

Conseiller d'arrondissement du canton de Nivillers (Oise),

Membre correspondant de la Société française de Numismatique et d'Archéologie,
Membre de la Société Académique de l'Oise, etc.

BEAUVAIS

IMPRIMERIE D. PERE, RUE SAINT-JEAN.

1887.

MAISON ET PAROISSE

DE

PISSELEU.

NOTICE

HISTORIQUE ET ARCHÉOLOGIQUE.

FAMILLE DE PISSELEU.

La famille de Pisseleu est une des plus anciennes et des plus considérables de notre Beauvaisis, mais on ne sait rien sur son origine. Son nom de Pisseleu, qui est le mot picard *Pis qu'leu*, un peu dégénéré, en latin *Pejor lupo*, semble indiquer qu'il provient d'un surnom donné à un seigneur, peut-être cet Archambaud, *Archambaldus Pejor lupo*, que Mabillon cite dans sa *Diplomatique*, lib. II, cap. 7, p. 93 (1). Cette famille, du reste, comme pour rappeler cette origine, sommait ses armoiries, qui étaient « d'argent à trois lions de gueules », d'un loup hissant d'or.

Le premier membre de cette famille qui nous soit connu est

---

(1) Abbé Delettre : *Hist. du diocèse de Beauvais*.

Godefroi 1ᵉʳ, évêque de Beauvais de 1104 à 1114. Les principaux actes de son épiscopat sont d'abord les confirmations aux différentes abbayes de son diocèse des concessions qui leur avaient été faites précédemment; ensuite le maintien au chapitre de Beauvais de l'église d'Allonne, sur laquelle Robert le Farci avait des prétentions, et enfin son ordonnance de 1112, par laquelle il accorde à perpétuité une indulgence, équivalente au quart de la pénitence canonique qui aurait été imposée à tous ceux qui, après s'être confessés, visiteront l'église de Saint-Maxien le dimanche où l'on chante l'introït *Lætare*, vers la mi-carême (1). Il mourut en 1114, et le nécrologe de la cathédrale en fait mention en ces termes : « xɪ *kal. decemb., obiit Gaufridus Episcopus, qui dedit nobis sex bolengarios* ».

Nous pensons que HÉLY Iᵉʳ DE PISSELEU, qui vivait encore en 1180, est le neveu ou le petit neveu de cet évêque.

Hély Iᵉʳ eut quatre enfants, qui sont :

    1° HÉLY II qui suit :
    2° PIERRE, qui vivait, en 1220, avec son fils Bernard; il donna à l'abbaye de Beaupré dix mines de terres, ce qui fut confirmé par Godefroy (2), doyen de Beauvais, et par Mathilde d'Oudeuil, du consentement de Robert de Milly (3).
    3° GABRIELLE, qui épousa, avant 1200, CHARLES DE GUIZANCOURT (4), seigneur de Versines.
    4° MARIE, qui épousa RICHER.

HÉLY II DE PISSELEU, seigneur dudit lieu, vivait en 1220; il donna à l'abbaye de Beaupré un muid de terre, ce qui fut confirmé par Godefroy, doyen de Beauvais, par Pierre de Monsures, par Mathilde d'Oudeuil et par Pierre et Gervais de Milly (5).

Il eut entre autres enfants :

    1° ALÉAUME ou ALELME, qui donna à l'abbaye de Beaupré sept

---

(1) Louvet : *Hist. et Antiq. du pays de Beauvaisis*. — Abbé Delettre : *Hist. du diocèse de Beauvais*.

(2) Godefroy de Clermont-Nesle, qui devint évêque de Beauvais en 1231.

(3) Archives nationales : *Fonds de l'abbaye de Beaupré*.

(4) Guizancourt porte : *D'or à trois merlettes de sable*.

(5) Archives nationales : *Cartulaire de l'abbaye de Beaupré*.

mines de terre, ce qui fut confirmé par Godefroy, doyen de Beauvais, par Mathilde d'Oudeuil et par Pierre et Gervais de Milly (1). Il donna aussi à la même abbaye, en 1231 (2), vingt mines de terre, ce qui fut confirmé par Thomas de Polhay, par Girard Havot et par Pierre et Gervais de Milly.

2° Denis, qui suit.

3° Nicolas, qui, de communauté avec ses deux frères, vendit en 1215 (3), au chapitre de Gerberoy, une rente annuelle et perpétuelle de 20 sols, et en donna une autre en 1250 (4).

DENIS DE PISSELEU, seigneur dudit lieu après la mort de son frère, confirma à l'abbaye de Beaupré, en 1231, les donations de son frère Aleaume. Il vendit aussi en 1252, du consentement de ADE, son épouse, une rente de 41 sols parisis à prendre sur un bois sis à Pisseleu (5).

Leurs enfants furent :

1° Pierre, qui suit.

2° André, mentionné dans une charte du chapitre de Gerberoy, en 1252 (6).

3° Jean, qui vendit en 1270, à l'abbaye de Beaupré, vingt-huit mines de terre sises à Luchy et relevant de ladite abbaye (7).

4° Marguerite, qui, par son testament, de l'an 1286, légua à l'abbaye de Beaupré sept mines de terre sises à Pisseleu (8).

PIERRE Ier DE PISSELEU, seigneur dudit lieu, vendit en 1294, du consentement de JEANNE, son épouse, quelques pièces de terre au comte de Valois (9).

---

(1) Archives nationales : *Cartulaire de l'abbaye de Beaupré.*

(2) Archives de l'Oise : *Fonds de l'abbaye de Beaupré.*

(3) Bibliothèque de l'abbé Deladreue : *Cartul. du chapitre de Gerberoy.*

(4) Arch. du château de Merlemont : Extrait des manuscrits de Louvet.

(5) Bibliothèque de l'abbé Deladreue : *Cartul. du chapitre de Gerberoy.*

(6) De Beauvillé : Documents inédits sur la Picardie. *Cartulaire du chapitre de Gerberoy.*

(7) Archives de l'Oise : *Fonds de l'abbaye de Beaupré.*

(8) *Ib.*

(9) Archives du château de Merlemont : Extrait de la Bibliot. Nationale.

Leurs enfants sont :

1° JEAN, qui suit.
2° HENRY, dont on parlera plus loin.

JEAN 1er DE PISSELEU, chevalier, seigneur de Pisseleu, fut maître fauconnier du roi Philippe VI de Valois en 1343, et du roi Jean II le Bon en 1354. Il acheta, en 1355, à Renaud de Condé, un fief sis à Oudeuil (1).

Ses enfants sont :

1° PIERRE, qui suit.
2° JEAN, dit le Borgne, maréchal de la maison du roi Charles VI de 1380 à 1391.
3° HENRY.

PIERRE II DE PISSELEU, seigneur dudit lieu et d'Oudeuil en partie, fut poursuivi en justice par Renaud de Roye, seigneur de Milly, pour une amende, prétendant avoir la connaissance des nobles de sa terre, laquelle connaissance fut adjugée au duc de Bourbon, à cause de son comté de Clermont, le 26 mars 1395 (2). Il avait épousé MARIE DE CATENOY, dont il eut entre autres :

MATHIEU DE PISSELEU, seigneur dudit lieu et d'Oudeuil en partie, eut aussi une partie de Savignies en 1370 et mourut en 1423, ayant épousé JEANNE DE HANVOILLES, qui, veuve, se remaria avec JEAN DE PAILLART (3).

Leurs enfants sont :

1° JEAN, qui suit.
2° PIERRE, dont on parlera plus loin.
3° COLARD, partisan du duc de Bourgogne, tué en 1495 dans un combat contre la Hire, à Boulogne-les-Grasses (4).

---

(1) De Beauvillé : *Documents inédits sur la Picardie*.

(2) Moréri : *Dictionnaire historique*. Cet auteur fait une erreur en mettant Renaud de Rozon au lieu de Renaud de Roye, à qui Louis II, comte de Clermont, venait de donner la seigneurie de Milly.

(3) Paillart porte : *D'argent à la croix de sable enlacée d'or*.

(4) Catalogue du collège héraldique.

4° OUDIN, qui épousa ISABEAU CAILLAU (1). Charles, duc d'Orléans, leur fit don, le 4 octobre 1401, de 1,000 livres tournois, en considération des services de Nicole de Giresme, grand prieur de France, oncle de ladite Isabeau, et de Thibault Caillau, son père (2).

JEAN II DE PISSELEU fut seigneur de Pisseleu, Oudeuil-le-Châtel, Hestomesnil, La Vacquerie, Feuquières, Fontaine-Lavaganne, Le Pas, Heilly, La Viefville, etc.; il assista au sacre de Louis XI, en 1461, et y fut fait chevalier (3). Quelques auteurs (4) le mentionnent à cette époque avec les titres de maréchal et de grand panneller de France, mais rien ne prouve cette assertion, car son nom ne figure dans aucune des listes des personnages ayant occupé ces charges. En 1500 il fut nommé conseiller et chambellan du roi Louis XII (5). Le 22 juillet 1452 il fut cautionné par Pierre de Chefdeville, grenetier au grenier à sel de Grandvilliers (6). En 1463, il acquiert de Raoul de Villers-Saint-Paul, abbé de Saint-Lucien, ce que cette abbaye possédait à Fontaine-Lavaganne, en échange de ce que lui-même possédait à Roy-Boissy (7). En 1464 eut lieu un accord entre lui et Marie d'Argicour, dame de Feuquières en partie, sa première femme, d'une part, et Isaac de la Chaussée, seigneur de Feuquières en partie, et Noelle de Blargies, son épouse, d'autre part, concernant les revenus de Feuquières (8). En 1487, ayant pris en pitié les habitants de Pisseleu-au-Bois, qui étaient obligés de venir à Oudeuil pour assister aux offices, de communauté avec son frère Pierre,

---

(1) Caillau porte : *D'azur au chevron dentelé d'argent, accompagné en chef de trois étoiles de même et en pointe d'un croissant aussi d'argent, tenant entre ses pointes une caille d'or.*

(2) Catalogue du collège héraldique.

(3) Moréri : *Dictionnaire historique.*

(4) Archives du château de Merlemont : Notes manuscrites.

(5) Moréri : *Dictionnaire historique.*

(6) Cartons de la Chambre des Comptes.

(7) Archives de l'Oise : *Fonds de l'abbaye de Saint-Lucien.* — Deladreue et Mathon : *Hist. de l'abbaye de Saint-Lucien.*

(8) *Mém. de la Soc. des Ant. de Picardie.* — Arch. du château de Heilly.

il fonda une église en ce lieu par acte du 12 août (1). En 1489, il vendit à Jean de Villers-Saint-Paul, abbé de Saint-Lucien, une rente annuelle et perpétuelle de sept quartiers de blé, qu'il avait le droit de prendre sur la grange que cette abbaye possédait à Coullemogne (2). Les terres de Fontaine-Lavaganne, Gaudechart, Oudeuil et Saint-Deniscourt lui avaient été données par le roi, et par son testament, du 22 septembre 1505, il les laissa, ainsi que celles de Pisseleu et d'Heilly, à Guillaume, son fils aîné (3). Le 16 décembre 1500, il reçut de Jean de Boufflers l'hommage du fief de Warsie (4). Il mourut en 1508, à l'âge de cent quinze ans, des suites d'une blessure qu'il se fit à la jambe droite contre le seuil d'une porte par laquelle il entrait, et fut enterré à Fontaine-Lavaganne (5). Il avait épousé en premières noces MARIE D'ARGICOURT (6), dame d'Heilly, le Pas, la Viefville, Feuquières en partie, Hestomesnil, par héritage de son parent Jacques de Bailleul-Douxlieu (7), dit d'Heilly ; elle était fille de Pierre d'Argicourt et de Jeanne de Belloy (8). Il épousa en secondes noces JEANNE DE DREUX (9), fille de Robert de Dreux, baron d'Esneval, et de Guillemette de Ségrie (10), dame de Morainville.

Du premier lit il eut :

1° GUILLAUME, qui suit.
2° PÉRONNE, qui épousa en premières noces FRANÇOIS DE SOYECOURT (11), et en secondes noces HUTIN DE MAILLY (12),

---

(1) Louvet : *Hist. du Beauvaisis.* — Delettre : *Hist. du dioc. de Beauvais.*

(2) Arch. de l'Oise : *Fonds de l'abbaye de Saint-Lucien.* — Deladreue et Mathon : *Hist. de l'abbaye de Saint-Lucien.*

(3) Bibliothèque du château de Troussures.

(4) *Mém. de la Soc. des Ant. de Picardie.* — Arch. du château d'Heilly.

(5) *Hist. d'Adrien de Boufflers.*

(6) Argicourt porte : *D'or à trois fasces de sable.*

(7) Bailleul-Douxlieu porte : *De gueules au sautoir de vair.*

(8) Belloy porte : *D'argent à quatre bandes de gueules.*

(9) Dreux porte : *Echiqueté d'or et d'azur, à la bordure de gueules.*

(10) Ségrie porte : *D'argent à la croix engrelée de sable.*

(11) Soyecourt porte : *D'argent fretté de gueules.*

(12) Mailly porte : *D'or à trois maillets de sinople.*

seigneur de Rumesnil, Auchy, La Neuville-le-Roy, fils de Jean, baron de Mailly, dit l'Estendart, et de Catherine de Mammez (1).

3° CLAUDE, qui épousa, en 1477, PIERRE LE CLERC DE FLEU-RIGNY (2), seigneur de la Forest-le-Roy et de Luzarches.

4° MARGUERITE, qui épousa FRANÇOIS DE SARCUS (3), seigneur de Villembray, conseiller et chambellan des rois Louis XI et Charles VIII, lequel mourut en 1100; il était fils de Robert de Sarcus, dit Binel, et de Bonne de Moy ou de Mouy (4).

Du second lit il eut :

1° JEAN, mort en bas âge.
2° LOYS, qui, le 26 octobre 1512 (5), fit l'hommage de deux fiefs sis à Grémévillers, « l'un qui fut Regnault Bigault et l'autre Jehan Lefèvre », et qui portaient les noms de fief Bigault et fief Perdrax ; il mourut en 1518.
3° AUDEBERTE, qui épousa NICOLAS DE PARDIEU (6).
4° ANTOINE, seigneur de Pisseleu en partie, des fiefs Bigault et Perdrax, à Grémévillers, et du fief l'Espinay, à Marseille, dont il hérita de son frère Loys, composa, le 1ᵉʳ octobre 1518 (7), avec l'évêque de Beauvais, au sujet du relief du fief de Lespinay ; « et le quitta mon dit seigneur pour le relief dudit fief et d'un autre assis à Grémévillers, parmi 70 livres tournois qu'il paya comptant ». En août 1528, Jean de Sarcus, ayant voulu faire nommer son fils abbé de Lannoy, ce à quoi les religieux se refusaient, demanda secours à son parent Antoine de Pisseleu; celui-ci, qui était très belliqueux, n'eut garde de refuser ; aussi marcha-t-il sur l'abbaye, dont il s'empara. Les religieux continuant à s'op-

---

(1) Mammez porte : *D'hermine à une croix de gueules, chargée de cinq roses d'or.*

(2) Le Clerc de Fleurigny porte : *De sable à trois roses d'argent, à un pal de gueules brochant sur la rose de la pointe.*

(3) Sarcus porte : *De gueules au sautoir d'argent cantonné de quatre merlettes de même.*

(4) Moy ou Mouy porte : *De gueules fretté d'or.*

(5) De Beauvillé : Documents inédits sur la Picardie.

(6) Pardieu porte : *D'or au lion de gueules, couronné de même.*

(7) De Beauvillé : Documents inédits sur la Picardie.

poser à ses désirs, il leur annonça qu'il tiendrait garnison dans l'abbaye et les garderait prisonniers jusqu'à ce que Jean de Sarcus fût nommé abbé; mais la nuit du 20 août les religieux purent s'échapper, et le sire de Marseille, quoique furieux, n'eut plus qu'à rentrer dans son château (1), où il mourut en 1538. Il fut enterré dans l'église de Marseille, où sa figure fut sculptée; mais Gabriel de Rochechouart la fit disparaître, en 1628, en faisant construire en cet endroit une chapelle latérale au chœur (2). Il avait épousé en premières noces MARGUERITE DE BOUFFLERS (3), veuve de Jean de Saint-Lau (4) et fille de Jacques de Boufflers, seigneur de Caigny, et de Péronne de Ponches (5). Il épousa en secondes noces ANTOINETTE D'YAUCOURT, fille de Jean d'Yaucourt et de Marie d'Abbeville (6). Veuve, elle se remaria, en 1541, avec Guillaume de Rochechouart (7), seigneur de Jars, maître d'hôtel du roi, chevalier de ses ordres, gouverneur des enfants de France, veuf de Louise d'Autri (8). Antoine n'eut pas d'enfants de son second mariage; du premier il avait eu :

A. *Antoinette*, dame de Marseille, Pisseleu en partie, etc., qui épousa, en 1565, *François de Rochechouart*, seigneur de Jars, La Brosse, d'abord lieutenant de la compagnie des gens d'armes du duc de Chaulnes, puis maître d'hôtel du roi en 1568, chevalier en 1569. Il se distingua au siège de Sancerre, en 1573, et mourut en 1574. Étant veuf, il épousa, en 1568,

---

(1) Abbé Deladreue : *Hist. de l'abbaye de Lannoy.*

(2) Graves : *Statistique du canton de Marseille.*

(3) Boufflers porte : *D'argent à trois molettes de gueules, accompagnées de neuf croix recroisettées de même, 3 en chef, 3 en fasces, 3 en pointe posées 2 et 1.*

(4) Saint-Lau porte : *De sable à un pal engrelé d'argent.*

(5) Ponches porte : *D'azur au chevron d'argent, accompagné en pointe d'une molette de même; au chef d'or chargé de trois roses de gueules.*

(6) Abbeville porte : *D'or à trois écussons de gueules.*

(7) Rochechouart porte : *Fascé nébulé d'argent et de gueules de six pièces.*

(8) Autri porte : *D'azur à la fasce d'argent, accompagnée en chef de trois merlettes d'or, et en pointe d'une molette de même.*

Anne de Berulle (1), dame de Nancray, veuve d'Edme de Prie (2), baron de Montpoupon. Il était fils de Guillaume de Rochechouart, seigneur de Jars, et de Louise d'Autri, dame de La Brosse, sa première femme.

B. *Françoise*, morte jeune.

5° ARTHUR, qui épousa LOUISE DE LA MOTTE (3).

GUILLAUME DE PISSELEU, seigneur de Heilly, Pisseleu en partie, Fontaine-Lavaganne, Saint-Deniscourt, Oudeuil-le-Chastel, etc., fut écuyer ordinaire de l'écurie du roi, puis capitaine de mille hommes de pied de la légion de Picardie sous le roi Louis XII; il fut mis, en 1512, dans Thérouanne, avec plusieurs seigneurs, pour la défendre contre les Anglais et les Impériaux (4).

Le 30 septembre 1491, le roi Charles VIII lui avait fait don de 300 livres (5). Il épousa en premières noces ISABEAU LE JOSNE DE CONTAY (6), fille de Louis le Josne, seigneur de Contay, et de Jacqueline de Nesle (7); en secondes noces ANNE SANGUIN (8), fille d'Antoine Sanguin, seigneur de Meudon, et de Marie Si-

---

(1) Berulle porte : *De gueules au chevron d'or, accompagné de trois molettes de même.*

(2) Prie porte : *De gueules à trois tiercefeuilles d'or; au chef d'argent chargé d'une aigle éployée de sable.*

(3) La Motte porte : *D'azur au sautoir d'or, accompagné de quatre fleurs de lys de même; écartelé de sable au lion d'argent armé et lampassé de gueules.*

(4) Moréri : *Dictionnaire historique.*

(5) Bibliothèque nationale : *Comptes de Jacques le Roy, receveur général des finances.*

(6) Le Josne de Contay porte : *De gueules fretté d'argent, les claires-voies remplies de fleurs de lys d'or; écartelé de : fascé d'argent et de gueules de six pièces, à la bordure d'azur; et sur le tout de gueules à un crequier d'argent.*

(7) Nesle porte : *De gueules semé de trèfles d'or à deux bars adossés de même, brochant sur le tout, qui est Clermont.*

(8) Sanguin porte : *D'argent à la croix endentée de sable, cantonnée de quatre merlettes de même.*

mon (1), et en troisièmes noces MADELEINE DE MONTMORENCY-LAVAL (2), fille de René de Montmorency-Laval, seigneur de la Faigne et Pontbelain, et de Antoinette de Havart (3), dame de Ver. De ses trois femmes il eut trente enfants qui ne nous sont pas tous connus. Il eut entre autres :

De sa première femme :

    1° ADRIEN, qui suit.
    2° CHARLES, dit d'Heilly, gentilhomme du duc d'Etampes, qui, le 10 avril 1552, reçut en don les biens confisqués sur feu François Linger, seigneur de Marmande (4).

De sa seconde femme :

    1° PÉRONNE, qui épousa, en 1522, MICHEL DE BARBANÇON (5), seigneur de Cany, lieutenant du roi en Picardie.
    2° ANNE, dite Mademoiselle d'HEILLY, fille d'honneur de Louise de Savoie, duchesse d'Angoulême. Elle devint, à l'âge de dix-huit ans, la maîtresse du roi François 1er, qui la maria, en 1536, avec JEAN DE BROSSES, dit DE BRETAGNE (6), comte de Penthièvre, vicomte de Bridiers, seigneur de l'Aigle, les Essarts, Boussac, Saint-Sévère, Paluau, etc., fils de René de Brosses de Bretagne, comte de Penthièvre, et de Jeanne de Commines (7). Le roi lui donna, en faveur de son mariage, le comté d'Etampes, qu'il érigea en duché, et le nomma gouverneur du Bourbonnais, puis de Bretagne; en 1545, il érigea également, en sa faveur, la terre de

---

(1) Simon porte : *D'azur à une montagne d'argent surmontée d'un cygne de même, becqué, membré et accolé d'une couronne d'or, et accosté de 4 croissants d'argent mis en pal, 2 à dextre, 2 à senestre.*

(2) Montmorency-Laval porte : *D'or à la croix de gueules chargée de cinq coquilles d'argent et cantonnée de seize alérions d'azur.*

(3) Havart porte : *D'azur au chevron d'or accompagné de trois étoiles de même.*

(4) Archives du château de Merlemont.

(5) Barbançon porte : *D'argent à trois lions de gueules.*

(6) Des Brosses de Bretagne porte : *D'azur à trois gerbes d'or liées de gueules; écartelé de Bretagne, qui est : d'hermine.*

(7) Commines porte : *De gueules au chevron d'or accompagné de trois coquilles d'argent, à la bordure d'or.*

Chevreuse en duché. Quant à Anne, elle combla les siens de ses faveurs, mais elle troubla la cour et porta la désunion dans la famille royale, par suite de sa haine pour Diane de Poitiers, maîtresse du Dauphin. Elle favorisa, en livrant les secrets d'Etat, les succès de Charles-Quint et de Henri VIII, en France, pour nuire au Dauphin, qui était chargé de les combattre, et fit signer à François Iᵉʳ, en 1544, le honteux traité de Crépy. Après la mort de ce dernier, arrivée en 1547, elle fut reléguée dans ses terres, embrassa le protestantisme et mourut dans l'obscurité en 1570.

3° MARIE, religieuse, puis prieure de Poissy, qui fut nommée abbesse de Maubuisson par François Iᵉʳ, en 1540, et mourut le 29 octobre 1571.

4° GUILLAUME, seigneur d'Auxmarais, Silly et Tillart, qui fait, le 6 août 1572, un accord avec les habitants d'Auxmarais, en vertu duquel il consent au partage, entre les habitants, des pâturages tenant des anciennes coutumes, en proportion de ce qui est payé par chacun d'eux (1).

5° FRANÇOIS, d'abord abbé de Saint-Corneille de Compiègne, qui devient, grâce à la faveur de sa sœur, évêque d'Amiens en 1546. Par une charte du 27 février 1547, il autorisa à dire la messe dans la chapelle du Bus-de-Villers (2).

De sa troisième femme :

1° CHARLES, qui fut nommé abbé de Saint-Gildas, au diocèse de Bourges, par provision du pape Paul III, adressée à François Iᵉʳ le 3 des kalendes de juin 1539 (3) ; il fut évêque de Mende de 1538 à 1545, puis évêque de Condom ; il fut aussi abbé de Saint-Aubin d'Anger et de Saint-Pierre de Bourgueil, de 1547 à 1550. Il mourut en 1563 ou 1564 (4).

2° JEAN, qui fut évêque de Pamiers.

3° MARIE, qui fut abbesse de Saint-Paul-lès-Beauvais.

4° LOUISE, qui épousa, en 1540, GUY DE CHABOT (5), baron de Jarnac,

---

(1) Archives de l'Oise : *Fonds du chapitre de Beauvais*.

(2) De Beauvillé : *Documents inédits sur la Picardie*.

(3) *Mém. de la Soc. des Antiq. de Picardie.* — *Arch. du château d'Heilly*.

(4) Moréri, dans son *Dictionnaire historique*, prétend, à tort, qu'il mourut en 1593.

(5) Chabot porte : D'or à trois chabots de gueules.

seigneur de Saint-Gelais, Saint-Aulaye, Montbron, etc., chevalier de l'ordre du roi, gentilhomme de sa chambre et du duc d'Orléans, capitaine de cinquante hommes d'armes, gouverneur et lieutenant général de la Rochelle et du pays d'Aunis, maire perpétuel de Bordeaux, capitaine du château de Ha; il fut confirmé dans toutes ses charges en 1559 (1). Ce fut lui qui, au commencement du règne de Henri II, en 1547, soutint ce fameux combat en champ clos, dans le parc de Saint-Germain-en-Laye, contre François de Vivonne, seigneur de la Châteigneraie; il y fut vainqueur et parla si sagement que le roi, l'ayant fait monter près de lui, lui dit « qu'il avait combattu comme César et parlé comme Cicéron ». Il était fils de Charles de Chabot, baron de Jarnac, et de Jeanne de Saint-Gelais (2), sa première femme.

5° CHARLOTTE, qui épousa en premières noces FRANÇOIS DE BRETAGNE (3), baron d'Avaugour, comte de Vertus et de Goello, seigneur de Clisson, fils de François de Bretagne, baron d'Avaugour, et de Magdeleine d'Astarac (4). Elle épousa en secondes noces JACQUES DE BROUILLARD (5), seigneur de Lisy, et mourut en 1601, âgée de soixante-dix-neuf ans.

6° CLAUDE, seigneur de Marliers, colonel de la légion de Picardie, affecta, le 2 septembre 1531, avec son frère Adrien, une rente sur la terre d'Heilly, au profit de Robert de Sarcus (6); il épousa MAGDELAINE SANGUIN.

ADRIEN DE PISSELEU, seigneur d'Heilly, Pisseleu en partie, Fontaine-Lavaganne, Oudeuil-le-Châtel, Bailleul-sur-Thérain, Gaudechart, Saint-Léger, Ricqueville, Auneuil, Tiersfontaine, Ribémont, le pont de Thennes, fut écuyer de l'écurie du roi, capitaine de mille hommes d'armes de pied, bailli et gouverneur de la ville d'Hesdin, au siège de laquelle il fut blessé en 1537; il

---

(1) Moréri : *Dictionnaire historique*.

(2) Saint-Gelais porte : *D'azur à la croix alaisée d'argent*.

(3) Bretagne d'Avaugour porte : *D'argent au chef de gueules*.

(4) Astarac porte : *Écartelé d'or et de gueules*.

(5) Brouillard porte : *D'argent au chevron d'azur*.

(6) Archives du collège héraldique.

fut nommé gouverneur de Maubeuge le 14 mars 1543, et mourut en la ville d'Amiens, des suites de ses blessures, à son retour des prisons de l'empereur, le 8 février 1558; il fut enterré dans l'église des Minimes, où sa veuve lui fit élever un tombeau en marbre (1). Le 27 janvier 1519, il avait fait hommage au chapitre de Beauvais pour la terre de Fontaine-Lavaganne, que son père lui avait donnée tant en avancement d'hoirie qu'en faveur de son mariage (2). Le 14 juin 1537, le roi François Ier lui fait don du revenu de la seigneurie de Beauquesne (3); le 23 janvier 1530 il est reçu au relief d'un fief noble qui consiste en un droit de travers qui se prend et se lève au pont à Thennes; le relief est de 60 sols parisis et le chambelage de 30 sols parisis (4). Le 7 juillet 1549, il cède à Jean de la Chesnaye, conseiller au conseil privé du roi et général des finances, et à Françoise Mallet, son épouse, ses fiefs et seigneuries de Saint-Léger, Ricqueville, Auneuil et Tiersfontaine, contre une rente (5). Dans l'arrière-ban levé au bailliage d'Amiens, en 1557, il est dit : « De Messire Adrien de Pisseleu, chevalier, seigneur d'Heilly, pour la terre et seigneurye d'Heilly, tenue des religieux, abbé et couvent de Corbye, à luy apertenant, scituée au dict Heilly, qu'il a déclairé valloir deux mil quatre cens livres tournois, taxé, à la dicte raison de 6 solz pour livre, à la somme de 728 livres tournois. De luy la terre et seigneurye de Ribémont, tenue en partye de l'aultre, en partye de la chastellenie d'Encre, vault qu'il a déclairé valloir 1,300 livres tournois, taxé, à la dicte raison de 6 sols pour livre, à la somme de 90 livres tournois » (6). Il avait épousé CHARLOTTE D'AILLY (7), qui comparut, le 19 août 1559, au procès-verbal

---

(1) Moréri : *Dictionnaire historique.*

(2) De Beauvillé : Documents inédits sur la Picardie.

(3) Archives du collège héraldique.

(4) De Beauvillé : Documents inédits sur la Picardie; déclaration des pairies, fiefs, etc., tenus et mouvants de la baronnie de Boves.

(5) Archives du collège héraldique.

(6) De Beauvillé : Documents inédits sur la Picardie.

(7) Ailly porte : *De gueules à l'alizier d'argent mis en sautoir et en couronne; au chef échiqueté d'argent et d'azur de trois traits.*

de la coutume de Clermont (1); elle était fille d'Antoine d'Ailly, seigneur de Varennes, et de Charlotte de Bournonville (2).

Leurs enfants sont :

1º JEAN, qui suit.

2º ANNE, qui épousa LOUIS DE COSME (3), seigneur de Lucé, Bonnestable, chevalier des ordres du roi, mort le 9 août 1576.

3º JEANNE, qui épousa en premières noces ROBERT DE LÉNONCOURT (4), comte de Vignory et de Nanteuil-le-Haudouin, seigneur de Dommart, fils de Henry de Lénoncourt, comte de Nanteuil, et de Marguerite de Broyes (5); elle épousa en secondes noces NICOLAS DES LYONS (6), marquis d'Osly, seigneur d'Espeaux.

4º ISABEAU, qui épousa le seigneur de Villechaussol.

JEAN DE PISSELEU, seigneur d'Heilly, Pisseleu en partie, Fontaine-Lavaganne, Gaudechart, Oudeuil-le-Chatel, Jouy-sous-Thelle, Ribémont, Bailleul-sur-Thérain, le pont de Thennes, chevalier des ordres du roi, fut gouverneur de Corbie. Dans l'arrière-ban levé au bailliage d'Amiens, en 1557, il est dit : « De Messire Jehan de Pisseleu, chevalier, seigneur de Fontaines-Lavaganne, pour la dicte terre et seigneurye à Fontaines et autres en ce bailliage, néant cy, parce qu'il n'a baillé déclaration, et n'a esté taxé comme par le dict rolle cy devant rendu appert » (7). Le 17 juillet 1575, il reçut de Jean Pajot, conseiller du roi et trésorier de l'extraordinaire, la somme de 100 livres en donzains, pour son état et gages à cause de son gouvernement de Corbie,

---

(1) Archives du collège héraldique.

(2) Bournonville porte : *De sable au lion d'argent, armé, lampassé et couronné d'or, la queue nouée, fourchée et passée en double sautoir.* Alias : *D'or à trois cuilliers en bois de sable.*

(3) Cosme porte : *De sable à quatre fasces rangées d'or, accompagnées de six besans de même.*

(4) Lénoncourt porte : *D'argent à la croix engrelée de gueules.*

(5) Broyes porte : *D'azur à trois broyes d'or, l'une sur l'autre, en fasce.*

(6) Des Lyons porte : *D'argent à quatre lions cantonnés de sable, armés et lampassés de gueules.*

(7) De Beauvillé : Documents inédits sur la Picardie.

pour les mois de janvier et de février, à raison de 50 livres par mois (1). Il releva le fief du pont de Thennes, le 29 décembre 1578 (2); le 8 août 1580, il vendit à Yves et à Guillaume de Dampierre un fief sis à Bailleul-sur-Thérain, mouvant de la châtellenie de Bulles, et appelé le fief d'Heilly; il reçut en échange la moitié d'une maison sise à Beauvais (3). Il mourut le 8 juin 1581 et fut enterré dans l'église des Minimes, à Amiens; son corps, retrouvé en 1807, fut transporté le 21 juin de cette même année à Heilly. Il avait épousé en premières noces, le 2 décembre 1551, FRANÇOISE DE SCÉPEAUX DE LA VIELLEVILLE (4), fille de René de Scépeaux et de Marie d'Estouteville (5); elle mourut sans enfants. Il épousa en secondes noces, le 27 juin 1569, FRANÇOISE DE PELLEVÉ (6), dame de Jouy et d'Aunay, qui, le 9 juillet 1584, releva au nom de Léonor de Pisseleu, son fils mineur, le fief du pont de Thennes (7); elle était veuve de Michel de Gouy d'Arsy (8); veuve de nouveau, elle épousa en troisièmes noces, en 1585, Michel d'Estourmel (9), seigneur de Surville; elle était fille de Jean de Pellevé, seigneur de Jouy, et de Renée de Bouvery.

Leurs enfants sont :

1° LÉONOR, qui suit :

---

(1) De Beauvillé : Documents inédits sur la Picardie.

(2) De Beauvillé : Déclarations des pairies, fiefs, etc., tenus et mouvants de la baronnie de Boves.

(3) Archives de la Bibliothèque Nationale. — Archives du château de Merlemont.

(4) Scépeaux porte : *Vairé contrevairé d'argent et de gueules*.

(5) Estouteville porte : *Burelé d'argent et de gueules, au lion de sable, armé, lampassé et couronné d'or, brochant sur le tout*.

(6) Pellevé porte : *De gueules à trois têtes humaines d'argent, au poil levé d'or*.

(7) De Beauvillé : Documents inédits sur la Picardie. Déclarations des pairies de la baronnie de Boves.

(8) Gouy d'Arsy porte : *Écartelé au 1 et 4 d'argent, à l'aigle éployée de sable, becquée, membrée et couronnée d'or au 2 et 3, de gueules à la bande d'or*.

(9) Estourmel porte : *De gueules à la croix denteléé ou crételée d'argent*.

2° CHARLOTTE, qui fut fiancée, le 20 décembre 1585, à Charles d'Estourmel, seigneur de Guyencourt, mais celui-ci mourut avant son mariage. Charlotte épousa depuis JEAN MAILLARD (1), seigneur de la Boissière et de Champagne, gouverneur de Houdan et gentilhomme servant le roi en 1609.

3° FRANÇOISE, qui épousa SANSON DE GOURLAY (2), vicomte de Dommart, seigneur d'Azincourt, Wargnies, Ivregny, sénéchal de Ponthieu.

LÉONOR DE PISSELEU, seigneur de Heilly, Pisseleu en partie, Fontaine-Lavaganne, Oudeuil-le-Châtel, La Mothe, Bernalieu, Gaudechart, Bruneaulieu, Malapart, Grailbus, le pont de Thennes, un fief à Crèvecœur, etc., naquit le 10 octobre 1578 et mourut le 30 novembre 1613; il fut enterré, ainsi que son épouse, dans l'église des Minimes d'Amiens; leurs corps, retrouvés en 1807, furent transportés le 21 juin de cette même année à Heilly; il avait épousé MARIE DE GONDI (3), qui releva le fief du pont de Thennes, le 16 mars 1614, pour Louis, son fils mineur (4); elle mourut le 1er mars 1617, et était fille de Jérôme de Gondi, baron de Codum, et de Louise de Bonacorsi.

Leurs enfants sont :

1° LOUIS, seigneur d'Heilly, Pisseleu en partie, Ribémont, Fontaine-Lavaganne, Bruneaulieu, Jouy-sous-Thelle, Gaudechart, Oudeuil-le-Châtel, La Mothe, etc., qui fut capitaine d'une compagnie de chevau-légers à Corbie, et mourut sans avoir été marié. Le 13 septembre 1634, il avait passé une transaction avec Louise de Gourlay, sa cousine, portant constitution d'une rente au profit de Jean de Ribeaumont (5); le 14 août 1635, il reconnaît devoir 2,965 livres à Pierre de Poullard, seigneur de la Folïye (6). Son beau-

---

(1) Maillard porte : *De gueules à trois maillets d'or.*

(2) Gourlay porte : *D'or à la croix engrelée de sable.*

(3) Gondy porte : *D'or à deux masses d'armes de sable, passées en sautoir et liées en pointe d'une devise d'argent.*

(4) De Beauvillé : Documents inédits sur la Picardie. Déclarations des pairies, fiefs, terres et seigneuries tenus et mouvants de la baronnie de Boves.

(5) Archives du collège héraldique.

(6) *Ib.*

frère, Pierre Huault, marquis de Bussy, de communauté avec Anne de Pisseleu, son épouse, fit saisir et vendre ses terres de Heilly, Bernalieu et la Mothe; la quittance de cette vente leur fut donnée le 11 octobre 1663 (1).

2° EMMANUEL, qui fut chevalier de Malte. Le pape Paul V écrivit à Adolphe de Vignacourt, grand maître de l'ordre de Malte, une lettre le 13 octobre 1617, pour accorder à Emmanuel, quoiqu'il ne fût âgé que de sept ans, une dispense d'âge et la permission de porter l'habit de l'ordre et de jouir des droits qui y sont attachés (2).

3° ADRIEN, qui mourut en 1628, étant encore jeune.

4° FRANÇOISE, qui hérita de tous les biens de ses frères. Elle épousa en 1621 CHARLES-ANTOINE GOUFFIER (3), marquis de Brazeux, qui mourut en 1653; il était fils de Thimoléon Gouffier, seigneur de Thois, et d'Anne de Lannoy-Améraucourt (4), dame de Morvilliers. La terre de Pisseleu, qui relevait du roi, et celle d'Oudeuil-le-Châtel, qui relevait du comte de Clermont, valaient, à cette époque, 500 écus de revenu; elles furent saisies sur Françoise et vendues en 1652 (5). En 1653, son beau-frère, Pierre Huault, marquis de Bussy, fit également saisir les terres et seigneuries d'Heilly, Ribemont, la Mothe, Bruneaulieu, qui furent adjugées, le 10 février de la même année, à Louis-Honoré Gouffier, fils de ladite Françoise de Pisseleu (6). Elle demanda alors à son fils à jouir des intérêts du douaire à elle préfixé, qui était de 3,000 livres, disant qu'elle aurait eu trois fois autant, si sa terre d'Heilly n'avait été vendue à vil prix; elle fondait sa demande sur une transaction passée le 20 février 1650 (7). Quant aux terres de Fontaine-Lavaganne, Pisseleu, Oudeuil-le-Châtel, Gaudechart, le fief de Crèvecœur, Bouillencourt, Malapart, Gratibus, elles furent vendues la somme de 200,000 livres à Nicolas Jolly, suivant

---

(1) Archives du collège héraldique.

(2) *Mém. de la Soc. des Ant. de Picardie.*

(3) Gouffier porte : *D'or à trois jumelles de sable.*

(4) Lannoy-Améraucourt porte : *Echiqueté d'or et d'azur de 25 pièces.*

(5) Histoire du château d'Heilly.

(6) Archives du château d'Heilly.

(7) *Mém. de la Soc. des Antiquaires de Picardie.*

les arrêts des 7 septembre 1650, 10 janvier et 26 mars 1653, saisies sur Charles-Antoine Gouffier et Françoise de Pisseleu, d'une part, et Honoré-Louis Gouffier, marquis d'Heilly, leur fils, et Germaine Martineau, son épouse, d'autre part (1). Le parlement homologua l'ordre de la distribution de cet argent entre les créanciers de Charles-Antoine Gouffier et de Françoise de Pisseleu, le 5 septembre 1653 (2).

5° LOUISE, qui épousa, en 1620, LUC FABRONI DE ARSINI, gentilhomme de Pistoye, en Toscane.

6° ANNE, qui fut comtesse de Jouy-sous-Thelle et épousa, le 2 mars 1630, PIERRE HUAULT (3), marquis de Bussy-de-Vaire, seigneur d'Huyson, Pontillaut, Bernay; il fut gentilhomme ordinaire de la chambre du roi en 1630, capitaine d'une compagnie de cent chevau-légers en 1635, maître de camp de cavalerie en 1639; il fut blessé, le 4 juin 1641, au passage de la rivière de Perpignan, et six jours après il reçut trois coups de mousquet devant Tarragone; il fut nommé maréchal des camps et armées du roi en 1645, et lieutenant-général des armées en 1652. Il mourut le 14 février 1662 (4); il était fils de Jacques Huault, seigneur de Vaire, Courcy, etc., et de Anne de Maillard (5), dame de Bernay.

7° BARBE, qui fut religieuse à Wariville.

SECONDE BRANCHE.

PIERRE DE PISSELEU, fils de Mathieu, seigneur de Pisseleu, et de Jeanne d'Hanvoile, fut seigneur de Pisseleu en partie. Le 18 mai 1479 il donna à bail à cens le chef-lieu de son fief de Pisseleu, qui était sis en la paroisse d'Oudeuil et mouvant de la châtellenie de Milly, à Louis de Lannoy (6). Le 13 janvier 1482

---

(1) Archives du château d'Heilly.

(2) *Mém. de la Soc. des Antiquaires de Picardie.*

(3) Huault porte : *D'or à la fasce d'azur chargée de trois molettes d'or et accompagnée de trois coquilles de gueules, 2 et 1.*

(4) Moréri : *Dictionnaire historique.*

(5) Maillard porte : *D'argent à la bande de gueules, chargée de trois lys d'argent et accompagnée de six merlettes de sable en orle.*

(6) Titres de la famille Aux Cousteaux.

il vendit à Pierre Le Page, seigneur de Douy, un petit fief sis à Blicourt (1); dans le titre il est dit que Pierre de Pisseleu habitait Luchy. En 1489 il vendit à l'abbaye de Saint-Lucien une rente de sept quartiers de blé, qu'il percevait sur la grange que cette abbaye possédait à Coullemogne (2). Le nom de sa femme nous est inconnu.

Il eut pour enfants :

    1° ARTHUS, qui suit.
    2° FRANÇOIS, seigneur de Pisseleu en partie, mort non marié.

ARTHUS DE PISSELEU, seigneur de Neufmets, en la prévôté de Beauquesne, mouvant de la seigneurie de Raimbeaucourt, donna, le 20 janvier 1517, le dénombrement de son fief à Antoine de Boubers, seigneur de Bernatre, comme seigneur de Raimbeaucourt (3). Après la mort de son frère il hérita du fief de Pisseleu, qui depuis retint son nom et s'appela fief Artus. Il avait épousé ANTOINETTE DE MAUVOISIN (4).

Leurs enfants sont :

    1° ANTOINE, qui suit.
    2° FRANÇOIS, qui n'était pas marié en 1519.

ANTOINE DE PISSELEU, seigneur de Neufmets, Pisseleu en partie, Rouvier, Nouvers, la pairie de Thièvres, donna, le 15 novembre 1550, le dénombrement de cette pairie au seigneur de La Ferté, en Ponthieu (5). Dans l'arrière-ban levé au bailliage d'Amiens, en 1557, il est dit « de Anthoine de Pisseleu, escuier, seigneur de Nouvers, pour son fief qu'il a déclaré valloir la somme de 50 livres tournois, taxé, à la dicte raison de 6 solz par livre, à la somme de 15 livres tournois » (6). Il avait vendu

---

(1) Titres du château de Douy.

(2) Archives de l'Oise : *Fonds de l'abbaye de Saint-Lucien*. — Abbé Deladreue et Mathon : *Histoire de l'abbaye de Saint-Lucien*.

(3) Manuscrits de la bibliothèque de Merlemont.

(4) Mauvoisin porte : *D'or à deux fasces de gueules*.

(5) Manuscrit de la bibliothèque de Merlemont.

(6) De Beauvillé : *Documents inédits sur la Picardie*.

son fief de Pisseleu à Lucien Boulet, qui en donna l'aveu à Adrien de Pisseleu, seigneur d'Heilly, comme seigneur de Pisseleu, le 1ᵉʳ février 1537 (1); il avait épousé MARGUERITE DE LA HOUSSOYE (2), fille d'Adrien de La Houssoye, seigneur de Magicourt, et de Marguerite de Rubempré (3).

Ils eurent :

JEAN DE PISSELEU, seigneur de Neufmets, Thièvres en partie, Brouilly, Estais, Rouvillers, remit aveu de quelques héritages mouvant de Thièvres, le 13 avril 1562 (4). Il donna un aveu de son fief de Rouvillers, en Artois, au seigneur de La Ferté Saint-Riquier, le 8 octobre 1574 (5). Il avait épousé JEANNE DE BOUBERS (6), fille de Jean de Boubers, vicomte de Bernatre, Neufmets et La Motte, et de Nicolle d'Isque (7). Le Carpentier (8) dit Nicolle de Licques (9), dame de Gouy.

Leurs enfants sont :

    1° ADRIEN, mort le 2 mai 1603.
    2° CHARLES, qui suit.

CHARLES DE PISSELEU, seigneur de Neufmets, Brouilly, Rouvillers, Martelot, Thièvres en partie, partagea ses biens entre ses cinq enfants le 29 novembre 1621 et testa le 1ᵉʳ novembre 1635 (10).

---

(1) Titres de la famille Aux Cousteaux.

(2) La Houssoye porte : *D'argent au lion de sable, armé et lampassé d'or; écartelé d'or à une croix ancrée de gueules.*

(3) Rubempré porte : *D'or à trois jumelles de gueules en fasces.*

(4) Archives du château de Merlemont.

(5) *Ib.*

(6) Boubers porte : *D'or à la croix de sable chargée de cinq coquilles d'argent.*

(7) Isque porte : *D'or à la croix ancrée de gueules.*

(8) *Histoire de Cambrésis.*

(9) Licques porte : *Écartelé au 1 et 4 ; contre-écartelé d'or et de sable; au 2 et 3 bandé d'argent et d'azur de six pièces, à la bordure de gueules.*

(10) Archives du château de Merlemont.

Il avait épousé MARIE LE JEUNE (1), fille de Robert Le Jeune, seigneur de Denier, près Avesne-le-Comte.

Leurs enfants sont :

1º CHARLES, mort en 1630.
2º FRANÇOIS, qui suit.
3º JEAN, seigneur de Thièvres en partie.
4º FRANÇOISE.
5º ANNE.

FRANÇOIS DE PISSELEU, seigneur de Neufmets, Brouilly, Martelot, Rosières, Denier, testa le 14 février 1667; il avait épousé MARIE DE LA GACHE (2), veuve de François de Boubers et fille de François de La Gache, seigneur de Noyelle, et de Marie Le Roier (3). Le Carpentier (4) la nomme Marie l'Agache (5), veuve de François de Boubers, et dit qu'elle mourut le 1 janvier 1693 et fut enterrée dans l'église de Rebievette.

Leurs enfants sont :

1º CHARLES, qui suit.
2º FRANÇOIS, seigneur de Deniers-Bovi et de Bacouel en partie, qui mourut le 9 mai 1701 et fut enterré à Rebievette, auprès de sa mère; il avait épousé, le 28 mai 1697, MARIE-FRANÇOISE BOURDON (6), fille de Philippe Bourdon et de Suzanne Wiart (7). Leurs enfants sont :

---

(1) Le Jeune porte : *D'argent à une fasce haussée de gueules, accompagnée en chef de trois étoiles rangées de même, et en pointe d'une foy de carnation, vêtue d'azur, mouvant des flancs de l'écu.*

(2) La Gache porte : *D'azur au chevron d'argent, accompagné en chef d'un croissant d'or, accosté de deux étoiles de six raies de même et en pointe d'un oiseau d'argent couronné d'or.*

(3) Le Roier porte : *Ecartelé au 1 et 4 d'azur, à la foy couronnée d'une couronne antique d'or; au 2 et 3 d'azur, au chevron d'or, accompagné en chef de deux roses d'argent et en pointe d'une aiglette au vol abaissé de même.*

(4) *Histoire du Cambrésis.*

(5) L'Agache porte : *D'or à trois pies au naturel, posées 2 et 1.*

(6) Bourdon porte : *D'azur au chevron d'or accompagné de trois bourdons de même, deux en chef, un en pointe.*

(7) Wiart porte : *D'or à une bande de sable chargée d'une croisette d'argent.*

        A. *Charles*, né à sept mois en janvier 1698.

        B. *Marie-Madelaine*, née le 10 juillet 1700, reçue à Saint-Cyr le 9 décembre 1711.

    3° MARGUERITE, qui, le 3 décembre 1702, transigea avec Marie-Françoise Bourdon, sa belle-sœur (1).

    4° MARIE-ANNE, dame de Bacouel, mourut le 11 juin 1691 et fut enterrée aussi à Reblovette.

CHARLES DE PISSELEU, seigneur de Brouilly, Marteloi, Rosières, Bacouel, Deniers, épousa MARIE-ANNE DE GARGAN (2), fille du seigneur de Raulepot et de N. de Cuinghen (3).

Leurs enfants sont :

    1° MARIE-MAGDELAINE, qui épousa, le 25 février 1693, FRANÇOIS LAMORAL DE LA PORTE (4), seigneur de Waulx, en Artois; il était fils de Jean-Jacques de La Porte, seigneur de La Motte, et était mort avant 1711.

    2° MARIE-CLAIRE, qui épousa JOSEPH-FRANÇOIS DU PONT (5), seigneur de Villiers, près Cambray, de Cagnecourt et de Taigneville, fils de Philippe du Pont, seigneur de Taigneville, et de Marie-Florence de Croix (6).

    3° MARIE-ANNE.

    4° FRANÇOISE.

TROISIÈME BRANCHE.

HENRY DE PISSELEU, fils de Pierre, seigneur de Pisseleu, et de Jeanne, fut seigneur de Rozoy et d'un fief à Béthancourt-les-Rozoy, au comté de Clermont (7); ce fief retint son nom

---

(1) Bibliothèque du château de Merlemont.

(2) Gargan porte : *D'argent à deux bandes de gueules.*

(3) Cuinghen porte : *Ecartelé au 1 et 4 d'argent à quatre chevrons de gueules, au 2 et 3 d'argent au chef de gueules.*

(4) La Porte porte : *D'or à une bande d'azur.*

(5) Du Pont porte : *D'or à une fasce de sable, chargée d'une molette d'argent.*

(6) Croix porte : *D'azur à une croix pattée d'argent.*

(7) De L'Epinois : *Recherches sur le comté de Clermont.*

et continua de s'appeler Pisseleu (1); il était mort avant 1352. Nous savons qu'il eut un fils :

DRIEU DE PISSELEU était seigneur du fief de Pisseleu à Béthancourt en 1352, de Savignies en partie en 1370 ; il eut aussi un fief à Herchies et un à Hondainville ; il possédait également un manoir avec seigneurie à Rosoy, et il en fit l'hommage au comte de Clermont en 1373 (2).

PISSELEU.

Pisseleu est une petite commune du canton de Marseille-le-Petit, autrefois du district de Grandvilliers, située à quatorze kilomètres de Beauvais, vers le nord. Son territoire, qui est très petit, puisqu'il ne contient que 287 hectares 27 ares, est limité au nord par celui de Blicourt, à l'ouest par celui d'Oudeuil, au sud-ouest par celui de Milly, au sud par celui de Sauqueuse-Saint-Lucien, et au sud-est par celui de Douy, écart de Juvignies. Le village, à peu près central, est situé au milieu d'une plaine privée d'eau et totalement dépourvue de bois, les rues sont assez larges, les maisons, dont la plupart sont encore couvertes en chaume, ce qui donne à ce village un aspect très pauvre, sont entourées d'herbages appelés dans le pays héritages et garnis de haies et de grands arbres, ce qui fait qu'à une certaine distance on croirait voir un bois, et ce n'est que une fois entré dans le cœur du village que l'on aperçoit les maisons. Pisseleu-au-Bois faisait autrefois partie de la paroisse d'Oudeuil et ne fut érigé en vicariat qu'en 1521. Ce village, qui s'est écrit diversement *Pisseleu, Pisseleux, Puisseleux, Pisteleu, Picheleu, Pisleu, Pisqueleu*, en latin *Pejor-Lupo*, doit tirer son nom de celui d'un de ses premiers seigneurs, qui était « *Pejor-Lupo* », pis qu'un loup, que les Picards rendent par l'expression pis qu'un leu, d'où *Pisqleu*; certains cependant, se basant sur ce qu'autrefois

---

(1) En 1789 il portait encore le nom de Pisseleu et appartenait à Marie-Henriette Polastron, veuve de Eléonor, comte d'Audeneban, lieutenant-général des armées du roi.

(2) Archives du château d'Heilly.

ce village était entouré de bois, d'où son nom de Pisseleu-au-Bois, disent qu'il faut prendre ce nom dans son sens trivial et n'attribuer son nom qu'à la grande quantité de loups qui peuplaient ces bois, faisant valoir que bien d'autres villages ont des noms rappelant les hôtes des forêts, tels que Chanteloup, en Picardie Canteleu, Chantemerle, Chantoiseau, etc.; mais cette opinion est facile à réfuter, car sans pouvoir indiquer une date exacte à la création du village de Pisseleu-au-Bois, nous savons qu'il n'est pas très ancien et en tout cas de beaucoup postérieur à Pisseleu-en-l'Eau, qui était autrefois situé entre Oudeuil-le-Châtel et Blicourt; un lieudit de la commune d'Oudeuil en rappelle seul aujourd'hui l'emplacement. C'est à ce Pisseleu-en-l'Eau que se trouvait le manoir féodal qui servait d'habitation aux seigneurs de Pisseleu avant qu'ils n'eussent les châteaux d'Oudeuil-le-Châtel, de Marseille et de Fontaine-Lavaganne. Pisseleu-au-Bois n'était d'abord qu'un petit hameau; mais le nombre des habitants ayant augmenté, ses seigneurs y firent construire, au commencement du XVIe siècle, une église, et ce n'est qu'à partir de cette époque qu'il commence à prendre quelque importance. Quant à Pisseleu-en-l'Eau, ses seigneurs ayant abandonné leur manoir, ses habitants le quittèrent aussi petit à petit, et aujourd'hui il n'en reste plus trace. Comme l'emplacement se trouve sur le territoire d'Oudeuil, cette notice devrait négliger ses seigneurs; mais d'un côté il fut le village primitif, d'un autre côté la plupart des seigneurs de Pisseleu n'ayant que des seigneuries en l'air, il serait impossible aujourd'hui de savoir sur lequel des deux Pisseleu portait leur droit; aussi étendons-nous cette notice sur ces deux villages, sans faire de distinction pour les seigneuries.

Plusieurs anciennes voies traversent le territoire de Pisseleu; ce sont d'abord le chemin de Beauvais à Abbeville, venant de Guehengnies pour aller à Blicourt. M. Graves (1) prétend que ce chemin daterait de l'occupation romaine. Le chemin dit des Anglais, de beaucoup postérieur au premier, était également une voie allant de Beauvais à Abbeville, et enfin le chemin dit des Potiers, qui était l'ancien chemin de Beauvais à Amiens, en pas-

---

(1) *Notice archéologique sur le département de l'Oise.*

sant par Saint-Omer-en-Chaussée, et qui servait principalement aux potiers de Savignies pour transporter leurs produits en Picardie.

La population de Pisseleu, qui ne fut jamais bien importante, a augmenté dans de faibles proportions jusqu'en 1806, mais depuis quelques années elle a décru d'une manière effrayante. Voici du reste quelques statistiques :

En 1720, Pisseleu compte 383 habitants.
1759, — 162 —
1791, — 177 —
1806, — 196 —
1821, — 172 —
1831, — 115 —
1840, — 102 —
1851, — 369 —
1856, — 356 —
1861, — 317 —
1866, — 303 —
1872, — 282 —
1876, — 249 —
1881, — 258 —

LA SEIGNEURIE.

La seigneurie de Pisseleu, ainsi que nous l'avons vu plus haut, appartenait à la famille de ce nom et relevait directement du roi; le manoir était sis à Pisseleu-en-l'Eau, en la paroisse d'Oudeuil, vers Blicourt; il n'en reste aucun vestige, et le lieudit rappelle seul le souvenir de cet endroit. La seigneurie de Pisseleu fut une première fois divisée, vers 1423, entre *Jean* et *Pierre*, fils de Mathieu, seigneur de Pisseleu, et de Jeanne d'Hanvoile. La partie la plus importante et le manoir vinrent à Jean de Pisseleu, mais elle fut de nouveau divisée entre deux de ses fils, *Guillaume* et *Antoine*; le premier, qui avait le manoir dans sa partie, le laissa à son fils aîné, et sa postérité continua à en jouir jusqu'à son extinction. En effet, après la mort de *Louis de Pisseleu, Françoise*, sa sœur, qui avait épousé, en 1621, *Charles-Antoine Gouffier*, marquis de Brazeux, en hérita; mais, comme nous l'avons vu plus haut, elle fut saisie, ainsi que les terres et seigneuries de Fontaine-Lavaganne, Oudeuil et Gaudechart, et vendue, par décrets de 1650 et 1653, à *Nicolas Jolly*; celui-ci la donna, ainsi que les trois autres, vers 1680, à *Magdelaine Jolly*, sa fille, qui épousa *Louis de la Grange-Trianon* (1).

Les seigneuries de Pisseleu et de Fontaine-Lavaganne vinrent peu de temps après à *François de Boufflers* (2), fils de François, comte de Boufflers, et de Louise Le Vergeur; ce fut pour lui que le roi Louis XIV érigea, en 1695, la terre de Caigny en duché sous le nom de Boufflers; il était aussi vicomte de Ponches et fut pair et maréchal de France, chevalier des ordres du roi et de la Toison-d'Or, capitaine des gardes du corps, grand bailly du Beauvaisis, gouverneur et lieutenant général, pour le roi, de Flandres et de Hainaut, gouverneur de Lille, général des armées du roi, gouverneur de Lorraine, Bar, Luxembourg et La Soare; il mourut dans son château de Fontaine-Lavaganne, en 1711, après avoir épousé, en 1699, *Catherine-Charlotte de Gramont* (3), fille d'Antoine-Charles, duc de Gramont, prince souverain de Bidache, et de Marie-Charlotte de Castelnau (4).

Leurs enfants sont :

> 1° *Louis*, comte de Boufflers, colonel d'infanterie, gouverneur général des Flandres, mort en 1711.

---

(1) La Grange-Trianon porte : *De gueules au chevron dentelé d'argent, chargé d'un autre chevron de sable et accompagné de trois coquilles d'argent.*

(2) Boufflers porte : *D'argent à trois molettes de gueules, accompagnées de neuf croisettes recroisettées de même, trois en chef, trois en fasce, trois en pointe, ces dernières 2 et 1.*

(3) Gramont porte : *Ecartelé au 1 d'or au lion d'azur, armé et lampassé de gueules*, qui est Gramont ; *au 2 et 3 de gueules à trois flèches d'or les pointes en bas, posées en trois pals*, qui est Aster ; *au 4 d'or au lévrier rampant de gueules, accolé de sable, à la bordure de sable chargée de huit besans d'or*, qui est Aure ; *sur le tout écartelé au 1 et 4 de gueules, à trois fasces ondées d'argent*, qui est Toulongeon ; *au 2 et 3 de gueules à trois jumelles d'argent*, qui est Saint-Chéron.

(4) Castelnau porte : *Ecartelé au 1 et 4 d'azur au château sommé de trois tours d'argent ; au 2 et 3 d'or à deux loups passant l'un sur l'autre d'azur; sur le tout d'or à trois chevrons d'azur.*

2° *Gombert*, vicomte de Penches, né en 1700, mort la même
   année.
3° *Joseph-Marie*, qui suit.
4° *Louise-Charlotte*, née en 1691, qui épousa, en 1719, *Charles-
   François de Boufflers*, seigneur de Rémiencourt.
5° *Antoinette*, née en 1695, qui fut religieuse.
6° *Julie*, qui fut religieuse et abbesse d'Avenay, en Champagne.
7° *Berthe*, née en 1702, qui épousa, en 1717, *Joseph Cantelmi*,
   prince de Pettorano, fils de Rostaing, duc de Popoli, et de
   N. Cantelmi de Popoli.
8° *Joséphine*, qui épousa, en 1720, *François-Camille de Neufville-
   Villeroy* (1) fils de Louis-Nicolas de Neufville, duc de Villeroy, et de Marguerite Le Tellier de Louvois (2).

Joseph-Marie, duc de Boufflers, comte de Milly, seigneur de
Pisseleu, Caigny, Fontaine-Lavaganne, etc., pair de France, fut
colonel d'infanterie, gouverneur et lieutenant-général de Flan-
dres et de Hainaut, gouverneur et grand bailli de Lille et de
Beauvais; il mourut en 1747; il avait épousé, en 1721, *Magdelaine-
Angélique de Neufville-Villeroy*, sœur de François-Camille.

Leurs enfants sont :

1° *Charles-Joseph*, qui suit.
2° *Josèphe-Eulalie*.

Charles-Joseph, duc de Boufflers, comte de Milly, seigneur de
Pisseleu, Fontaine-Lavaganne, etc., fut grand bailli de Beauvais;
il épousa, en 1747, *Marie-Anne de Montmorency* (3), dont il n'eut
pas d'enfants. Il mourut en 1751, et ses biens furent abandonnés
à ses créanciers, qui vendirent la terre de Boufflers au comte de
Saisseval, en 1757; mais nous ne savons s'il acheta la seigneurie
de Pisseleu, ni qui la posséda jusqu'en 1765, époque à laquelle
François-Charles du Floquet, comte de Reals, chevalier de Saint-

---

(1) La Neuville-Villeroy porte : *D'azur au chevron d'or accompagné de
trois croix ancrées de même.*

(2) Le Tellier de Louvois porte : *D'azur à trois lézards d'argent rangés
en trois pals, au chef cousu de gueules, chargé de trois étoiles d'or.*

(3) Montmorency porte : *D'or à la croix de gueules cantonnée de seize
alérions d'azur.*

Louis, ancien lieutenant-colonel de cavalerie, l'acheta avec les terres et seigneuries de Fontaine-Lavaganne, Oudeuil-le-Châtel, Hautefontaine, Vertefontaine, Gaudechart, Ribeauville et Heilly-la-Neuville; il en était encore possesseur lors de l'abolition des droits féodaux; il eut une fille mariée à *N. Le Clerc* (1), comte de Juigné.

SECONDE PARTIE DE LA SEIGNEURIE.

Nous avons vu qu'une partie de la seigneurie de Pisseleu vint à Antoine de Pisseleu, après lui elle passa à sa fille *Antoinette*, ainsi que celle de Marseille-le-Petit; elle n'eut qu'un fils de son mariage avec *François de Rochechouart*, qui est :

François, qui suit.

Après la mort d'Antoinette, François de Rochechouart épousa en secondes noces *Anne de Bérulle*, dont il eut :

1° *Louis*, seigneur de La Brosse, Nancrais, etc., né en 1569; il fut guidon, puis lieutenant des gens d'armes du maréchal François de La Grange, seigneur de Montigny, puis commandant des gens d'armes du maréchal Henri de La Châtre, baron de Maisonfort; il mourut le 2 novembre 1627, ayant épousé en premières noces, le 1ᵉʳ décembre 1595, *Catherine-Marie de Castelnau* (2), dame de La Lande et de Brion, fille de Michel, comte de Beaumont-le-Roger, baron de Joinville, et de Marie Bochetel (3); il épousa en secondes noces, le 10 février 1614, *Louise Piedefer* (4), dame de Bazoches, veuve de Jacques d'Anglures (5), vicomte d'Estranges. Il eut postérité.

---

(1) Le Clerc de Juigné porte : *D'argent à la croix de gueules, bordée et dentelée de sable, et cantonnée de quatre aiglettes de sable, becquées et membrées de gueules.*

(2) Castelnau porte : *D'or au château de gueules.*

(3) Bochetel porte : *De gueules à deux fasces d'argent, accompagnées de huit merlettes de même en orle.*

(4) Piedefer porte : *Echiqueté d'or et d'azur.*

(5) Anglures porte : *D'or à neuf croissants de gueules, contenant chacun un grillet de même.*

2° *Charles*, seigneur de Nancrais, qui fut tué à la bataille de Coutras en 1587.

3° *Jeanne*, qui épousa, le 31 décembre 1591, *François de Thibault* (1), seigneur de Villegonon.

4° *Marie*, qui épousa, le 20 décembre 1601, *Charles Pajot* (2), seigneur de Boissy-le-Sec.

5° *Suzanne*, religieuse de Saint-Dominique, à Montargis.

6° *Jeanne*, religieuse à Notre-Dame de Charenton.

7° *Françoise*, religieuse aux Annonciades de Bourges.

François de Rochechouart, seigneur de Pisseleu en partie, Jars, Marseille, naquit en 1566; il fut gentilhomme de la chambre du roi et mourut le 31 décembre 1596. Il avait épousé, en 1579, *Anne de Monceaux d'Auxy* (3), qui mourut en 1620; elle était fille de Guy, seigneur d'Ons-en-Bray, Hodenc, etc., et de Jeanne de La Châtre (4), sa seconde femme.

Leurs enfants sont :

1° *Gabriel*, qui suit.

2° *Guillaume*, né le 18 juillet 1590, qui périt sur mer étant capitaine de vaisseau.

3° *François*, abbé de Saint-Satur et commandeur de Lagny-le-Sec de l'ordre de Malte, qui mourut en avril 1670.

4° *Jacqueline*, qui mourut sans alliance en 1630.

Gabriel de Rochechouart, seigneur de Pisseleu, Jars, Marseille, naquit en 1580 et mourut en 1649; il avait épousé, en 1611, *Christophelle Le Goux* (5), dame de Maizières en Brienne, fille

---

(1) Thibault porte : *D'azur à trois tours d'argent, fenestrées et maçonnées de sable.*

(2) Pajot porte : *D'azur au chevron d'or, accompagné de trois roses de même.* Alias : *D'argent au chevron d'azur, accompagné de trois têtes d'aigle de sable, becquées et arrachées de gueules.*

(3) Monceaux d'Auxy porte : *Ecartelé ou 1 et 4, échiqueté d'or et de gueules, qui est Auxy ; au 2 et 3 d'azur à un écusson d'argent en abîme, qui est Monceaux.*

(4) La Châtre porte : *De gueules à la croix ancrée de vair.*

(5) Le Goux porte : *D'argent à la tête de more de sable, tortillée d'argent et accompagnée de trois molettes de gueules.*

de Jean-Baptiste, seigneur de Beschère, et de Marguerite Bruslard (1).

Leurs enfants sont :

 1° *Gabriel*, mort jeune.
 2° *Jacqueline*, qui suit.

Jacqueline de Rochechouart, dame de Pisseleu, Marseille, épousa, en 1613, *François de Carvoisin* (2), seigneur de Frocourt, Viefvillers, Carrouges, fils de Charles, seigneur d'Achy, et de Marguerite de Nollent (3). Étant veuf, François épousa en secondes noces, en 1618, *Antoinette du Plessis-Liancourt* (4), qui mourut sans enfants; elle était fille de Charles, comte de Beaumont, et de Antoinette de Pons (5).

De son premier mariage il avait eu :

 1° *François*, qui suit.
 2° *Marie-Anne*, chanoinesse de Poussay.

François de Carvoisin, seigneur de Pisseleu, Marseille, fut colonel du régiment de Nivernais, et épousa, étant fort âgé, *Thérèse de Cayers*; ils eurent un fils nommé *Mathieu Simon*, qui fut seigneur de Durbois; mais il ne paraît pas qu'il ait possédé les seigneuries de Pisseleu et de Marseille, car dans un relevé de censives de l'an 1694 (6) nous voyons ces deux seigneuries entre les mains de *François de Louvel* (7), seigneur de Glisy, mestre de

---

(1) Bruslard porte : *De gueules à la bande d'or chargée d'une traînée tortillée de sable et cinq barils de même, trois d'un côté, deux de l'autre, alternés.*

(2) Carvoisin porte : *D'or à la bande de gueules, au chef d'azur.*

(3) Nollent porte : *De gueules au chef cousu de sinople, à l'aigle d'argent sur le tout.*

(4) Du Plessis-Liancourt porte : *D'argent à la croix engrelée de gueules.*

(5) Pons porte : *D'argent à la fasce bandée d'or et de gueules.*

(6) Titres du château de Douy.

(7) Louvel porte : *D'or à trois hures de sanglier de sable.* — Après l'assassinat du duc de Berry, le 13 février 1820, cette famille obtint de changer son nom en celui de *Lupel*, quoique l'assassin Louvel n'eut aucun rapport avec elle.

camp d'un régiment de cavalerie, fils de Jean, seigneur de Glisy, et de Charlotte de Festard (1); il mourut en 1702 et avait épousé, en 1692, *Marie de Cacheleu* (2), fille de Louis, seigneur de Bussuel, et de Jeanne Bommy (3).

Leur enfant est :

François de Louvel, marquis de Glisy, seigneur de Pisseleu, Marseille, Feuquières, Saint-Arnoult, qui épousa *Marie de Verny* (4), née en 1704, fille d'Aloph, seigneur de Grandvilliers, et de Marie-Thérèse Cuvier de La Bussière (5).

Ils n'eurent qu'une fille :

Marie, dame de Pisseleu, Glisy, Marseille, etc., épousa *Jean de Vincens de Mauléon Saignets d'Astraud* (6), marquis de Causans et de Toussaint, comte d'Ampurie, lieutenant du roi en Provence, mestre de camp, colonel du régiment de Condé infanterie, chevalier de Saint-Louis, qui posséda la seigneurie de Pisseleu jusqu'à l'abolition des droits féodaux.

TROISIÈME PARTIE DE LA SEIGNEURIE OU FIEF ARTUS.

Nous avons vu que Pierre de Pisseleu eut une partie de la seigneurie de Pisseleu; elle prit le nom de son fils Artus et fut

---

(1) Festard porte : *D'argent à trois fasces de gueules.*

(2) Cacheleu porte : *D'azur à trois pattes de loup d'or.*

(3) Bommy porte : *D'azur à une rose d'or, cantonnée de quatre besans de même.*

(4) Verny porte : *D'argent à une cloche de sinople.*

(5) Cuvier porte : *De gueules à une fasce d'argent, chargée d'un lion léopardé de même, et accompagné en chef de trois molettes d'or et en pointe d'un cygne de même nageant sur une rivière d'argent.*

(6) Vincens de Mauléon porte : *Écartelé au 1 et 4 d'or au lion de sable, armé, lampassé et couronné de gueules, qui est Mauléon ; à la bordure d'azur chargée de six étoiles d'or, trois en chef et trois en pointe, et de trois croissants d'argent, deux en flanc et un en pointe, qui est Vincens ; au 2 et 3 de gueules à l'aigle éployée d'or, couronnée d'une couronne à trois pointes de même, armée et becquée d'azur, qui est Astraud.*

vendue par son petit fils *Antoine de Pisseleu*, seigneur de Neufmets, à *Lucien Boullet*, qui, le 1er février 1537, en donna l'aveu à *Adrien de Pisseleu*, de qui elle relevait à cause de sa seigneurie de Pisseleu. Peu après elle fut à *Charles de Fontaine* (1), seigneur du Ply et d'Oudeuil, qui la changea presqu'aussitôt contre le fief de la Trompe-d'Or, sis à Blicourt (2), avec *Jacques Aux Cousteaux* (3), seigneur de Vendeuil, Beauvoir, Troussures, qui fut échevin de Beauvais en 1529, puis contrôleur au grenier à sel; il était fils de Robert Aux Cousteaux et de Laurence Le Bastier (4), et il avait épousé *Françoise de Sacquespée de Thézy* (5).

Leurs enfants sont :

    1° *Nicolas*, qui suit.
    2° *Marie*, dame de Beauvoir en partie, qui épousa *Antoine Le Thoillier de Guillebon* (6), seigneur de Beauvoir, qui fut tué à la bataille de Dreux, en 1562; il était fils de Antoine, seigneur de Blancfossé, et de Jeanne Tristan (7).
    3° *Jean*, mort non marié, étant au service du roi.
    4° *François*, qui épousa *Jeanne Boileau* (8), dont postérité.
    5° *Nicolas*, qui épousa *Antoinette Gayant* (9), fille de Pierre Gayant et de Marie Payen (10), dont postérité.

---

(1) Fontaine porte : *D'argent à cinq tourelles de sable à la bordure de même.*

(2) Voir la Notice sur Blicourt.

(3) Aux Cousteaux porte : *D'azur à trois couteaux d'argent, emmanchés d'or, posés en pal 2 et 1.*

(4) Le Bastier porte : *D'argent au chevron d'azur, accompagné de trois roses de gueules boutonnées d'or.*

(5) Sacquespée porte : *De sinople à une aigle d'or, chargée sur l'estomac d'une épée d'argent en bande, qu'elle tient par la poignée avec le bec, la tirant d'un fourreau de sable, la garde et le bout d'or.*

(6) Le Thoillier de Guillebon porte : *D'azur à la bande d'or accompagnée de trois besans de même, deux en chef, un en pointe.*

(7) Tristan porte : *De gueules à la bande d'or.*

(8) Boileau porte : *D'azur au chevron d'or, accompagné de trois trèfles de même.*

(9) Gayant porte : *D'argent à trois geais au naturel, au chef de sinople chargé de trois glands d'or.*

(10) Payen porte : *D'argent à trois tourteaux de sable.*

6° *Pierre.*

7° *Jeanne,* qui épousa *Jean Le Fèvre* (1), seigneur de Caumartin, Villers, général des finances, mort en 1560; il était veuf de *Colaye de Bigant* (2) et fils d'Aubert, seigneur de Villers, et de Antoinette Damiette (3).

Nicolas Aux Cousteaux, seigneur de Vendeuil et du fief Artus, est dit seigneur de Pisseleu à cause de certains droits que son fief donnait sur les habitants de cette paroisse; il fut avocat au Parlement, contrôleur général à Beauvais en 1555, puis lieutenant-général au bailliage et siège présidial. Il avait épousé, en 1559, *Angadrême Mallet* (4), fille de Thibaut Mallet et de Antoinette Le Lanternier (5).

Leurs enfants sont :

1° *Jacques,* qui suit.
2° *Marie Nicole,* qui épousa *Jacques Pasquier* (6), avocat.
3° *Nicolas,* qui épousa *Marguerite de La Porte* (7), dont postérité.

Jacques Aux Cousteaux, seigneur de Pisseleu, Vendeuil, né en 1560, fut avocat, bailli et procureur fiscal de l'abbaye de Saint-Lucien; il mourut en 1631, ayant épousé *Nicole Le Cat* (8), fille de Louis, seigneur de Therdonne, et de Marie Tristan.

Leurs enfants sont :

---

(1) Le Fèvre de Caumartin porte : *D'azur à cinq fasces d'argent.*

(2) Bigant porte : *D'argent à trois tourteaux d'azur, accompagnés de sept croix recroisettées de gueules, trois en chef, trois en fasce, une en pointe.*

(3) Damiette porte : *D'argent à l'épée de gueules en pal.*

(4) Mallet porte : *D'azur à trois trèfles d'or.*

(5) Le Lanternier porte : *D'azur à trois falots d'argent garnis d'or, au chef d'or chargé d'un croissant de gueules.*

(6) Pasquier porte : *D'azur à un arbre arraché d'or, et sur le tout une fasce en devise de gueules, chargé de trois étoiles d'argent.*

(7) La Porte porte : *D'azur à deux colonnes d'or, sommées d'un fronton de même, et une champagne aussi d'or, chargée d'un las d'amour de gueules.*

(8) Le Cat porte : *D'argent à trois tourteaux de sable.*

1° *Jacques*, qui suit.
2° *Nicolas*, né en 1591, mort jeune.
3° *Yves*, chanoine de la cathédrale et officier du chapitre, mort en 1667.
4° *Pierre*, né en 1599, qui fut chanoine de Gerberoy et doyen de la Faculté de théologie de Paris; il mourut en 1680.
5° *François*, qui épousa *Marie Lucien*, dont postérité.
6° *Jean*, né en 1603, qui fut greffier de l'abbaye de Saint-Quentin et mourut en 1657.
7° *Germain*, né en 1612, qui fut grand prieur de l'abbaye de Saint-Lucien et mourut en 1681.
8° *Catherine*, qui épousa *Nicolas Hanin*, notaire royal.
9° *Jeanne*, qui fut religieuse à Saint-François.
10° *Claude*, qui épousa *Nicolas Houppin* (1), procureur.
11° *Marie*, qui épousa *Guillaume de La Rue* (2), licencié ès-lois, notaire royal à Gerberoy.

Jacques lux Cousteaux, seigneur de Pisseleu, né en 1590, fut avocat et bailli de l'abbaye de Saint-Lucien, et mourut en 1650, ayant épousé *Françoise de Dampierre d'Heilly* (3), fille de Yves, seigneur d'Heilly et de Suzanne Binet (4).

Leurs enfants sont :

1° *Jacques*, né en 1620, qui fut chanoine de la cathédrale et mourut en 1676.
2° *Claude*, qui suit.
3° *Augustin*, né en 1627, qui fut docteur en théologie et chanoine de Gerberoy, et mourut en 1683.
4° *Françoise*, morte non mariée.
5° *Marie*, qui fut religieuse.
6° *Anne*, qui fut religieuse.

---

(1) Houppin porte : *D'azur à deux fasces engreslées d'or.*

(2) La Rue porte : *D'argent à trois fasces de gueules.*

(3) Dampierre d'Heilly porte : *D'azur au chevron d'or, accompagné en chef de deux trèfles de même, et en pointe d'une cloche d'argent bataillée de même.*

(4) Binet porte : *D'azur à la bande d'argent, chargée de trois tourteaux de sable.*

7° *Suzanne*, qui épousa *Jean Serpe* (1), fils de Jean Serpe et de Jeanne Ticquet (2).

Claude Aux Cousteaux, seigneur de Pisseleu, fut avocat, bailli du chapitre de Beauvais et de l'abbaye de Saint-Lucien; il épousa *Marie Bourrée* (3).
Leurs enfants sont :

 1° *Yves*, qui suit.
 2° *Antoine*, né en 1660, qui fut curé de Saint-Laurent de Beauvais et mourut en 1710.
 3° *Françoise*, qui épousa, en 1702, *Charles Hourier* (4), seigneur de Merville, fils de Jacques, seigneur de Volmont, et de Marguerite d'Origny (5).
 4° *Marie*, religieuse à l'Hôtel-Dieu.
 5° *Angadrême*.

Yves Aux Cousteaux, seigneur de Pisseleu, fut avocat au Parlement, bailli des abbayes de Saint-Paul et de Saint-Lucien et du duché de Boufflers; il mourut en 1716, ayant épousé *Magdelaine Pécoul* (6), fille de Pierre Pécoul et de Marie Ticquet.
Leurs enfants sont :

 1° *Claude*, qui suit.
 2° *Antoine-Yves*, né en 1695, qui fut chanoine de la cathédrale.
 3° *Charles*, qui fut religieux de la Charité.
 4° *Jean-Charles*, dit le P. Cyprien, qui fut capucin et missionnaire en Turquie.
 5° *Marie-Madeleine*, religieuse à l'Hôtel-Dieu.

---

(1) Serpe porte : *D'azur au chevron d'or, accompagné de trois serpettes d'argent.*

(2) Ticquet porte : *D'azur à trois croissants d'argent, supportant chacun un épi de blé d'or; au chef d'argent chargé d'une rencontre de bélier de sable, accosté de deux roses de gueules.*

(3) Bourrée porte : *D'argent à trois trèfles de sable.*

(4) Hourier porte : *D'azur au chevron d'argent accompagné de trois merlettes de même; au chef d'argent chargé de trois arbres de sinople.*

(5) Origny porte : *D'azur à deux barbeaux adossés d'or.*

(6) Pécoul porte : *Écartelé au 1 et 4 d'argent à trois maillets de sable; au 2 et 3 de gueules à trois chevrons d'or.*

6° *Marie Nicole*, morte non mariée.
7° *Françoise*, religieuse à l'Hôtel-Dieu.
8° *Suzanne*, qui épousa *N. Dupuis* (1), fils de Jean-François Dupuis et de Anne Prévost (2).

Claude Aux Cousteaux, seigneur de Pisseleu, né en 1694, fut maire de Beauvais en 1724 et mourut sans s'être marié, en 1768. Le fief Artus vint alors au marquis *de Causans*, seigneur de Marseille et de Pisseleu, probablement par retrait féodal faute d'héritiers.

FIEF BASTIER.

Ce fief prit son nom de celui d'un de ses possesseurs. En effet, en 1460, il appartenait à *Thibault Le Bastier* (3), seigneur du Quesnoy, Marseille en partie, Escames, Wambez, Goincourt, La Havotière, Rubilly, etc., maître ès-arts, chanoine de la cathédrale de Beauvais en 1459, doyen de l'église de Gerberoy en 1500, puis grand vicaire de M**gr** Louis de Villiers de L'Isle-Adam, évêque-comte de Beauvais, et enfin chancelier de la cathédrale; il était fils de Jean, seigneur de Boutavent, et de Marguerite de Cagneux. Après sa mort, son frère *Jean*, seigneur de Boutavent, hérita de la plus grande partie de ses biens; il épousa en premières noces *Marie Margallée* (4), et en secondes noces *Catherine de Hénault* (5).

Du premier lit il eut :

1° *Thibault*, bachelier ès-arts, chanoine de la cathédrale, curé de Saint-Sauveur de Beauvais, puis doyen de Gerberoy en 1517, et enfin petit archidiacre en 1521.

---

(1) Dupuis porte : *D'azur à une fasce d'or, surmontée d'un croissant de même.*

(2) Prévost porte : *D'or à une bande de sable chargée de trois coquilles d'argent.*

(3) Nous n'indiquerons pas à nouveau les armoiries des familles déjà citées dans cette Notice.

(4) Margallée porte : *D'azur à trois croissants montant d'argent, mis en pal.*

(5) Hénault porte : *Losangé d'or et de gueules.*

2º *Pierre*, qui suivra.

3º *Isabelle*, qui épousa *Nicolas Le Lanternier*, qui fut maire de Beauvais de 1533 à 1537.

4º *Marguerite*, qui épousa *Jean de Sacquespée de Thézy*.

Du second lit il eut :

1º *Suzanne*, qui épousa, en 1550, *Eustache de Nully* (1), fils de Pierre, seigneur d'Essuiles, et de Marguerite Pocquelin (2).

2º *Jeanne*, qui épousa en premières noces *Pierre Gimart*, et en secondes noces *François des Lions* (3).

Pierre Le Bastier, seigneur du fief Bastier, Le Quesnoy, Boulavent, Marseille en partie, Goincourt, etc., archer des ordonnances du roi, mourut en 1568 ; il avait épousé *Marie Judas* (4). Leurs enfants sont :

1º *François*, seigneur de Rainvilliers, Boulavent, Le Quesnoy, etc., qui épousa en premières noces *Jacqueline de Fransures* (5), fille de Philippe, seigneur de Villers, et en secondes noces *Marguerite de Bernets* (6), veuve de Claude de Briet (7) ; il eut postérité de ses deux femmes.

2º *Marguerite*, qui épousa en premières noces *Nicolas de Creil* (8), seigneur d'Hécourt, fils de Nicolas, seigneur d'Hécourt, et

---

(1) Nully porte : *D'azur au chevron d'argent, accompagné de trois étoiles d'or, celle de la pointe soutenue d'un croissant d'argent.*

(2) Pocquelin porte : *D'azur au pot de lin fleuri d'argent.* Alias : *D'azur au chevron d'argent, accompagné en pointe d'une montagne de même.*

(3) Des Lions porte : *D'argent à quatre lions cantonnés de sable, armés et lampassés de gueules.*

(4) Judas porte : *D'azur à deux merlettes d'argent, surmontées d'un croissant de même posé au milieu du chef.*

(5) Fransures porte : *D'argent à la fasce de gueules, chargée de trois besans d'or.*

(6) Bernets porte : *D'or à trois chevrons de gueules.*

(7) Briet porte : *D'argent au sautoir de sable, accompagné de huit perroquets de sinople, becqués et membrés de gueules, mis en orle.*

(8) Creil porte : *D'azur au chevron d'or chargé de trois molettes de sable et accompagné de trois roses d'or.*

de Marie Le Boucher (1), et en secondes noces *Claude de Bigunt*, fils de Jean, seigneur de Wambez, et de Guillemette de Lespinay (2).

3° *Anne*, qui suit.

4° *Marie*, qui épousa *François de Fransures*, seigneur de Villers, La Verrière, frère de Jacqueline.

Anne Le Bastier, dame du fief Bastier et d'Oudeauville, épousa *Jean Thiphaine* (3).

Le fief Bastier vint peu après à *Guillaume Jolly* (4), seigneur d'Oudeuil en partie, avocat au Parlement et lieutenant-général en la connétablie; il avait épousé, en 1588, *Marie Loisel* (5), fille d'Antoine, seigneur de Courroy, Fouilloy, L'Eglantier, et de Marie de Goulas (6).

Il eut entre autres :

Anne Jolly, dame du fief Bastier, qui épousa *François Pasquier*, seigneur de Verdanches, conseiller du roi, élu en l'élection de Beauvais en 1618, fils du seigneur de Verdanches et de Barbe Coullet (7).

Leurs enfants sont :

1° *Antoine*, qui suit.

2° *Claude*, né en 1621, qui fut chanoine de la cathédrale et mourut en 1693.

---

(1) Le Boucher porte : *De gueules à deux lions affrontés d'or*.

(2) Lespinay porte : *D'argent à trois losanges de gueules*.

(3) Thiphaine porte : *D'or au lion de gueules tenant en sa patte dextre une épée de sable; au chef d'azur chargé d'une étoile d'or, accosté de deux besans de même*.

(4) Jolly porte : *D'azur à trois lys de jardin au naturel d'argent*.

(5) Loisel porte : *D'argent à trois merlettes de sable*. Alias : *D'azur à une colombe d'argent portant en son bec un rameau de sinople*.

(6) Goulas porte : *Coupé en chef d'azur, au lion passant d'or, en pointe de gueules à trois glands d'or, surmontés d'une étoile de même*.

(7) Coullet porte : *D'azur au chevron d'or, accompagné en chef de deux étoiles d'argent et en pointe d'une épée de même en pal, la pointe en haut, accosté de deux étoiles aussi d'argent*.

3° *François* seigneur de Verdanches, dont postérité.
4° *Pierre*, seigneur du Bus, né en 1620, fut garde-du-corps; il eut postérité.
5° *Jean*, né en 1631, fut chanoine de la cathédrale et prieur de Bulles, et il mourut en 1690.
6° *Jacques*, né en 1637, épousa *Antoinette Le Boucher*, fille de Georges, seigneur de Warluis, et de Marie Guédon (1), dont il eut postérité.
7° *Anne*, morte jeune.
8° *Marie*, qui épousa *François-Denis Malo*, grand prévôt de Champagne en 1655.
9° *Barbe*, qui épousa *Augustin Vacquerie* (2), seigneur de Bruneval, Sénéfontaine, Flambermont, secrétaire du roi et officier de sa panneterie, fils de Cardin, seigneur d'Evosseaux, et de Jeanne Foy (3).

Antoine Pasquier, seigneur du fief Bastier, né en 1617, fut conseiller du roi élu en l'élection de Beauvais, et mourut en 1675, ayant épousé *Marie Borel* (4), fille de Pierre et de Simone Gueullard (5). Ils eurent :

1° *François*, officier d'infanterie, qui épousa *Elisabeth Délon*, dont postérité.
2° *Antoine*, chanoine de la cathédrale.
3° *Pierre*, chanoine de la cathédrale.
4° *Catherine*, morte non mariée.
5° *Marie*, qui suit.
6° *Marie-Madeleine*, qui épousa *Nicolas Jacquemin* (6), seigneur de Villosne.

---

(1) Guédon porte: *D'or à la bande d'azur chargée de trois trèfles d'argent.*

(2) Vacquerie, branche d'Evosseaux : *échiqueté d'argent et d'azur au chef de gueules.* Alias : *D'argent à la vache de sable clarinée d'or.*

(3) Foy porte : *D'azur à une foy d'argent mise en fasce.*

(4) Borel porte : *Burelé d'or et d'azur.* Alias : *D'azur au cœur ailé d'argent accompagné en chef de deux croissants de même et en pointe d'un trèfle d'or.*

(5) Gueullard porte : *De gueules à la rose d'argent soutenue d'un croissant de même; au chef d'azur chargé de deux étoiles d'argent.*

(6) Jacquemin porte : *D'or à la fasce d'azur accompagnée de trois croisettes de gueules.*

7° *Anne*, qui épousa *Jean de Regnonval* (1), fils de Nicolas et de Marie de Monchy (2).

Marie, dame du fief Bastier, épousa *Claude de Maupassant* (3). Ils eurent :

1° *N...*, greffier au Parlement de Paris.
2° *Marie-Louise*, qui suit.

Marie-Louise de Maupassant, dame du fief Bastier, épousa *Eustache Borel*, seigneur de Berneuil, né en 1672, fils de Jean et de Marguerite Pocquelin, dont vint :

Louis-Eustache Borel, seigneur du fief Bastier, Berneuil, Bazancourt, né en 1720, qui fut conseiller du roi en la chambre des comptes et hérita de son beau-père des charges de président et lieutenant-général au bailliage et siège présidial de Beauvais. Il mourut en 1797, ayant épousé, en 1715, *Marie de Malinguehen* (4), dame de Brétizel, le Vieux-Rouen, Sortival, Runeval, La Vallée, Hodenc-en-Bosc, Fayencourt, etc., fille de René, baron de Brétizel, et de Françoise de La Houssaye (5).

Leurs enfants sont :

1° *Durand*, seigneur de Brétizel, le Vieux-Rouen, etc. ; il fut président et lieutenant-général au bailliage et siège présidial de Beauvais, puis conseiller à la cour de cassation ; il avait épousé *Charlotte de Catheu* (6), fille de Claude, seigneur de Grumesnil, et de Charlotte-Louise Divery du Mesnil (7), dont il eut postérité.

---

(1) Regnonval porte : *D'azur à trois croissants d'argent, celui de la pointe surmonté d'un trèfle d'or.*

(2) Monchy porte : *De gueules à trois maillets d'or.*

(3) Maupassant porte : *D'azur à une ancre d'argent surmontée de deux étoiles d'or rangées en chef.*

(4) Malinguehen porte : *D'argent à trois fers de moulin de sable. Alias : De gueules à trois fers de moulin d'or.*

(5) La Houssaye porte : *Echiqueté d'argent et d'azur de six traits.*

(6) Catheu porte : *D'or à trois chauves-souris, les ailes étendues de sable.*

(7) Divery porte : *D'azur au chevron d'or accompagné de trois molettes de même.*

2° *Louis-Eustache*, qui suit.
3° *Jean-Nicolas*, né en 1755, qui mourut en 1768.
4° *Louis*, né en 1756, qui mourut en 1768.
5° *Marie-Jacqueline*.
6° *Marie-Françoise*, qui épousa *N. Michel de Mazières* (1).
7° *Marie-Jeanne*, qui épousa *Joachim Blanchart*.
8° *Jeanne*, qui épousa *N. Blanchart de Changy*.
9° *Marie-Anne*, qui épousa *N...*, baron *Séguier* (2).
10° *Marie-Louise*, qui épousa en premières noces *Gustave de Sinencourt* (3), et en secondes noces *Baptiste de Saint-Laurent* (4).

Louis-Eustache Borel eut, du vivant de son père, le fief Bastier et les seigneuries de Favencourt, Milly en partie; il fut conseiller du roi au présidial de Beauvais, et depuis auditeur en la chambre des comptes, puis préfet de l'Oise et conseiller d'État sous Louis XVIII; il avait épousé en premières noces *N. de Bellaing* (5) et en secondes noces *Pauline de Nully-d'Hécourt*, et eut postérité de ses deux femmes; quant aux terres formant son fief de Pisseleu, elles ont été vendues et morcelées.

AUTRE FIEF.

Victor de Bullandre (6), seigneur de Molagnies, verdier et juge ordinaire des eaux et forêts de l'évêché de Beauvais, possédait en 1550, au territoire de Pisseleu, vers Fouilloy, des terres relevant de l'abbaye de Penthemont; il en tenait aussi quelques-unes

---

(1) Michel porte : *D'azur au chevron d'or accompagné de trois coquilles d'argent*. Alias : *De sinople à cinq coquilles d'argent en bande*.

(2) Séguier porte : *D'azur au chevron d'or accompagné en chef de deux étoiles de même et en pointe d'un mouton paissant d'argent*.

(3) Sinencourt porte : *D'argent à la fasce de gueules*.

(4) Saint-Laurent porte : *D'azur au chevron d'or, au chef cousu de sable, chargé de trois étoiles d'or*.

(5) Bellaing porte : *D'azur à une bande d'or chargée de trois mouchetures d'hermines de sable*.

(6) Bullandre porte : *D'azur à une crosse d'or; au chef de gueules chargé de trois étoiles d'or*.

en fief, relevant en foy et hommage du seigneur de Pisseleu (1).

Il eut entre autres enfants :

1° *Isaac*, qui suit.
2° *Simon*, qui fut chanoine de la cathédrale, puis archidiacre de Beauvais et prieur de Milly ; il mourut en 1611 et a laissé un recueil de poésies.

Isaac de Ballandre, seigneur d'un fief à Pisseleu, fut conseiller du roi élu en l'élection, et épousa, en 1570, *Françoise de Bonnières* (2), dont il eut :

1° *Isaac*, qui fut chanoine, puis doyen de la cathédrale de 1613 à 1641 et prieur de Milly en 1611.
2° *Jean*, qui suit.

Jean de Ballandre, seigneur du fief de Pisseleu, épousa *Françoise de Bonnières*, veuve de Jehan de Malinguehen, seigneur d'Ypres, et fille de Pierre et de Antoinette de Heslim. Il n'eut sans doute pas d'enfants, et son fief de Pisseleu passa à *Marie de Malinguehen*, fille du premier mariage de Françoise de Bonnières, qui avait eu aussi deux fils :

1° *Jean*, seigneur d'Ypres, La Petite-Forêt, qui fut chancelier de la reine Anne d'Autriche, conseiller et lieutenant particulier au présidial de Beauvais, et obtint des lettres de compatibilité pour les offices de lieutenant de robe courte à Senlis et à Beauvais et de lieutenant particulier à Beauvais ; il mourut en 1630, ayant épousé *Anne Loisel*, veuve de Claude de Cannone de Courtebonne (3) et fille de Claude,

---

(1) Titres du château de Doüy.

(2) Bonnières porte : *Écartelé au 1 et 4 vairé d'or et d'azur, au 2 et 3 d'or fretté de gueules.*

(3) Cannone porte : *D'argent à la bande de sable et deux demi-bandes de même, celle qui tend vers le chef mouvant de senestre, l'autre de dextre, et accompagnées de deux merlettes de même, l'une en chef, l'autre en pointe.* Nous pensons qu'il y a là une erreur dans notre généalogie, car la seigneurie de Courtebonne n'appartenait pas aux de Cannone, mais aux de Calonne, qui portait : *D'argent à l'aigle éployée de sable, becquée et membrée de gueules.*

seigneur de Flambermont, et de Collechon de Nully. Ils n'eurent qu'une fille :

  Anne, qui épousa en premières noces *René de Rochechouart*, comte de Saint-Ouen et de Montmoreau, et en secondes noces *Henry de Lanes* (1), comte de Saint-Michel.

2° *Pierre*, seigneur de Douy, conseiller du roi élu en l'élection, qui épousa *Jeanne Le Fébure* (2), fille de Laurent et de Catherine Caignard (3), dont postérité.

Quant à *Marie de Malinguehen*, dame du fief de Pisseleu, elle épousa *Pantaléon Le Boucher*, seigneur de Warluis, conseiller du roi élu en l'élection, bailli de la ville et du comté en 1620; il mourut en 1640 et était fils de Georges, seigneur de Grumesnil et Provinlieu, et de Catherine Loysel, dame de Warluis.

Leurs enfants sont :

1° *Georges*, qui suit.
2° *Catherine*, qui épousa *Jean Foy* (4), seigneur des Croisettes, conseiller du roi au présidial et maire de Beauvais en 1651, fils de Pierre, seigneur des Croisettes, et de Marie Boicervoise (5).
3° *Marie*, qui épousa *Claude Mauger* (6).
4° *Françoise*, qui épousa *Claude Dollet* (7), seigneur d'Hucque-

---

(1) Lanes porte : *De gueules à la croix échiquetée d'or et d'azur.*

(2) Le Fébure porte : *D'azur à une fasce d'or, accompagnée en chef d'un croissant d'argent accosté de deux étoiles d'or, et en pointe d'un croissant d'argent surmonté d'un épi de blé d'or et accosté de deux trèfles de même.*

(3) Caignard porte : *D'azur à trois chevrons d'or, accompagnés en chef de deux glands feuillés et tigés de même.*

(4) Foy, branche des Croisettes, porte : *D'azur à une foy d'argent mise en fasce, à la bordure engrelée de même.*

(5) Boicervoise porte : *De gueules à trois coquilles d'or.*

(6) Mauger porte : *D'azur aux balances d'or accompagnées en chef à senestre d'une lune, à dextre d'un soleil et en pointe d'une étoile, le tout d'argent.*

(7) Dollet porte : *D'azur au lion d'argent, à la bordure de gueules chargée en chef de trois étoiles d'argent, en flancs et en pointe de onze besans d'or.*

ville, officier de Mr Potier, évêque-comte de Beauvais, avocat au Parlement et inspecteur général des eaux et forêts du comté ; il était veuf de Françoise de Bullandre et fils de Antoine et de Marie Louchard (1).

Georges Le Boucher, seigneur de Warluis, épousa *Marie Guédon* ; il vendit, le 21 juin 1616, ses terres et son fief de Pisseleu (2) à *Pierre Canterel* (3), échevin de Beauvais, qui avait épousé *Pernelle Le Caron* (4), fille de Jean et de Catherine Herlen. Ce Jean Le Caron avait, en 1637 (5), acheté des terres à Pisseleu à Robert et à Louis Pocquelin ; il en donna une partie à Pernelle et l'autre partie à Catherine, qui épousa Nicolas Ticquet, dont la postérité les a conservées jusqu'au commencement du siècle dernier ; mais le 2 décembre 1702 (6), N. Le Rebours (7), intendant des finances, veuf de Suzanne Ticquet, qui elle-même était précédemment veuve de François Jacques (8), seigneur de Vitry, les vendit ; elles passèrent dans plusieurs mains et appartenaient, en 1780, à Cécile-Giberte Michel, femme de Elie Ratel-Longueil.

Quant à Pierre Canterel, il n'eut que deux filles :

1° *Anne*, qui suit.
2° *Catherine*, qui épousa *Charles Durant* (9), correcteur en la chambre des comptes, fils de Henry.

---

(1) Louchard porte : *De gueules à trois fasces d'argent, chargées de cinq losanges de sable, posés 2, 1 et 2.*

(2) Titres du château de Douy.

(3) Canterel porte : *De gueules au chevron d'or, accompagné en chef de deux croissants d'argent et en pointe d'un œillet de même, feuillé et tigé de sinople.* Alias : *D'or au coq de sable becqué, crételé et onglé de gueules.*

(4) Le Caron porte : *D'azur à la tête de licorne d'argent, accompagnée de trois besans d'or ; au chef cousu de gueules fretté d'or.*

(5) Titres du château de Douy.

(6) Titres du château de Douy.

(7) Le Rebours porte : *De gueules à sept losanges d'argent, posés 3, 3 et 1.*

(8) Jacques de Vitry porte : *D'azur à l'aigle éployée d'or, au chef de même, chargé de trois étoiles d'azur.*

(9) Durant porte : *D'azur au chevron d'argent accompagné en chef de*

Anne Canterel, dame du fief de Pisseleu, morte en 1662, avait épousé, le 3 février 1654, *Isaac de Mallinguehen*, seigneur de Douy, La Trésorerie, Le Muid-Roger, puis baron de Brétizel, président et lieutenant-général civil et criminel au bailliage et siège présidial de Beauvais, fils de Pierre, seigneur de Douy, et de Jeanne Dary d'Ernemont (1); étant veuf, il épousa en secondes noces, en 1669, *Marie Foy* (2), veuve de François Vacquerie d'Evosseaux et fille de Adrien, seigneur de Framicourt, et de Anne de Langlès (3); elle mourut sans enfants.

Du premier lit vinrent :

1° *Pierre*, qui suit.
2° *Isaac*, seigneur d'Evosseaux, avocat au Parlement, qui épousa *Marie Moreau* (4), fille de Jean-Baptiste, seigneur de Maupertuis, et de Anne Mathieu, dont deux enfants morts non mariés.
3° *Charles*, qui se noya dans un poissonnier en 1669.
4° *Anne*, qui fut religieuse à Saint-Paul.
5° *Jeanne*, qui fut religieuse et prieure à Saint-Paul.
6° *Catherine*, morte jeune.

Pierre de Mallinguehen (5), baron de Brétizel, seigneur du Vieil-Rouen, le fief de Pisseleu, Hodenc-en-Bosc, Rumeval, Fleurouais, La Trésorerie, La Vallée, Sortival, Beaucamp, La Mothe, Lespinay, Douy, un fief à Blicourt, etc., naquit le 26 janvier 1657

---

deux branches fleuries d'or, soutenues de sinople, et en pointe d'un rocher d'argent.

(1) Dary porte : D'argent au lion de sable, armé et lampassé d'or, brisé d'une croix de même en l'épaule; au chef de gueules.

(2) Foy, branche de Framicourt, porte : D'argent au chevron de gueules, accompagné en chef de deux trèfles de sinople et en pointe d'une foy au naturel, surmontée d'un cœur de gueules ailé d'azur.

(3) Langlès porte : D'azur à l'aigle éployée d'or, au chef de gueules chargé de trois étoiles d'or.

(4) Moreau porte : Écartelé au 1 d'or au palmier de sinople, au 2 d'azur au lion d'or, au 3 de gueules à cinq losanges d'argent mis en croix, au 4 losangé d'or et de sable.

(5) Il obtint, comme officier du roi par ordonnance de 1698, de porter : D'azur, qui est France, au fer de moulin d'argent.

et fut président et lieutenant-général civil et criminel au bailliage et siège présidial, commissaire enquêteur et examinateur au même siège, conseiller du roi au Châtelet de 1684 à 1688, et mourut le 4 octobre 1704, ayant épousé, le 21 juillet 1686, *Marie Baillet* (1), fille de Pierre, seigneur des Entes, et de Barbe Hamelin (2).

Leurs enfants sont :

1° *Nicolas*, né en 1687, mort en 1688.
2° *Isaac*, né en 1687, mort en 1691.
3° *Marie*, née en 1688, qui fut religieuse à Saint-Paul et mourut en 1765.
4° *Catherine*, née en 1689, morte en 1697.
5° *Anne-Françoise*, née en 1690, morte en 1700.
6° *Marie-Anne*, qui suit.
7° *Jeanne*, née en 1693, qui fut religieuse à Saint-Paul et mourut en 1760.
8° *Pierre-François de Paule*, né en 1695, mort en 1711.
9° *René*, baron de Brétizel, seigneur du Viel-Rouen, etc., né en 1696, qui fut secrétaire du roi au conseil d'Artois, puis président et lieutenant général au présidial, et mourut en 1717; il avait épousé *Françoise de La Houssoye*, qui, veuve, se remaria avec Gaudefroy de Gulonnay; elle était fille de Nicolas, seigneur de Dondeauville, et de Françoise Oudaille de Mesenguy. Ils n'eurent que trois filles.
10° *Magdeleine*, née en 1698, qui fut religieuse à Saint-Paul et mourut en 1738.
11° *Barbe-Angadrême*, née en 1699, qui fut religieuse à Chelles et mourut en 1761.
12° *Léonor*, né en 1700, qui fut tué dans son lit, par la chute d'une poutre, en 1708 (3).
13° *Isaac-Nicolas*, seigneur de Douy, Poncel, Saint-Remy, Corbeauval, né en 1703, qui fut doyen au présidial de Beauvais, où il siégea pendant cinquante-quatre ans, et mourut

---

(1) Baillet porte : *D'argent à l'once ou léopard au naturel, au chef d'azur chargé de trois molettes d'or.*

(2) Hamelin porte : *D'azur au lion d'or, au chef de même chargé d'un cœur de gueules, accosté de deux étoiles d'azur.*

(3) Dans une maison sise rue Saint-Jean, à Beauvais, et occupée aujourd'hui par M. Barbet.

en 1700; il avait épousé, en 1720, *Catherine Le Caron*, fille de Louis, seigneur de Troussures, Monchy, et de Catherine de Régnonval; ils eurent postérité.

Marie-Anne de Mallnguehen, dame du fief de Pisseleu, née en 1692, mourut sans avoir eu d'enfants de *Jean-Marie Fombert du Tillet* (1), chevalier de Saint-Louis, capitaine au régiment de royal-comtois; il était fils de Louis, seigneur de Bois-Aubert, et de Jeanne Le Cat de Molagnies (2). Leur fief de Pisseleu vint à leur nièce *Marie-Magdeleine de Mallnguehen*, fille de René, baron de Brétizel, et de Françoise de La Houssaye; elle épousa *Michel Hazon* (3), intendant des domaines, bâtiments et manufactures du roi. Elle n'eut pas d'enfant et vendit son fief et ses terres de Pisseleu à son cousin *Pierre-Isaac de Mallnguehen*, seigneur de Douy, La Trésorerie, Senantes, Corbeauval, un fief à Blicourt, avocat au Parlement de Paris, secrétaire du roi près le Parlement de Rouen, conseiller du roi au présidial de Beauvais, fils de Isaac Nicolas, seigneur de Douy, et de Catherine Le Caron. Pierre-Isaac, qui était né en 1737, mourut en 1819, après avoir épousé, en 1761, *Thérèse Allou* (4), fille de Louis, seigneur de Senantes, Le Tronchet, et de Marguerite Michel d'Anserville.

Leurs enfants sont:

1° *Thérèse*, qui épousa en premières noces *Bernard de Brod* (5), conseiller du roi, trésorier-payeur des rentes de l'hôtel de ville de Paris, fils de Jacques-Bernard, seigneur de Saint-Rimault, Essuiles, Haton, et de Geneviève Angot (6), et

---

(1) Fombert du Tillet porte: *Coupé de gueules au lion hissant d'or et d'azur, à trois fasces ondées d'argent.*

(2) Le Cat de Molagnies porte: *D'argent à trois tourteaux de sable.*

(3) Hazon porte: *De gueules à la croix d'argent, chargée de onze pyramides d'azur et cantonnée de quatre molettes d'or.*

(4) Allou, branche d'Hémécourt, porte: *D'azur au chevron d'or chargé d'une quintefeuille de gueules, accostée de deux trèfles de sinople, le chevron accompagné de trois merlettes d'or.*

(5) Brod porte: *D'azur à une étoile d'or, au chef de même chargé de trois trèfles de sinople.*

(6) Angot porte: *D'azur à trois annelets d'or.*

en secondes noces *Jacques de Brod*, frère du précédent.
2° *Pierre*, né en 1775, qui, après avoir été enfermé à Chantilly, puis au Luxembourg pendant la Terreur, fit une partie des campagnes de l'empire comme sous-commissaire aux vivres. Louis XVIII le nomma sous-préfet de Compiègne en 1814, puis il fut garde du corps et aide de camp du général duc d'Estissac, et enfin conseiller d'arrondissement du canton de Nivillers, et mourut en 1868, ayant épousé *Françoise Héricart de Thury* (1), fille de Louis-François, vicomte Héricart de Thury, seigneur de Reteuil, Laigneville, etc., et de Louise de Rosset de Létourville (2), dont postérité.
3° *Catherine-Euphrosine*, qui suit.

Catherine-Euphrosine de Malinguehen eut les terres qui formaient l'ancien fief de Pisseleu; elle épousa, en 1810, *Nicolas de Monmerqué-Desrochais* (3), officier de la Légion d'Honneur, conseiller à la cour royale de Paris, membre de l'Institut, de l'Académie des inscriptions et belles-lettres, de la Société des Bibliophiles; ce fut un auteur et éditeur distingué, qui a laissé de nombreux ouvrages; il mourut en 1860, ayant épousé en secondes noces Rosalie de Gendrecourt, femme de lettres, veuve de N. de Saint-Surin. Quant à leurs terres de Pisseleu, elles avaient été vendues et morcelées.

FIEF HENNEQUIN.

Ce fief, qui appartint successivement aux de Monchy, aux d'Hardivilliers, aux de Vion, et qui revint de nouveau aux d'Hardivilliers, et dont nous avons donné l'historique dans notre Notice sur Blicourt, s'étendait sur une partie du territoire de Pisseleu.

AUTRE FIEF.

Nous trouvons encore, en 1580, *Robert de Templeux* (4) qualifié

---

(1) Héricart de Thury porte : *D'or au mont de sinople chargé de flammes d'or, au haut du mont trois fumées d'azur, au chef de gueules chargé de trois étoiles d'or.*

(2) Rosset de Létourville porte : *D'azur à trois trèfles d'or.*

(3) Monmerqué porte : *D'azur au mont d'argent accompagné en chef d'un soleil d'or et de deux étoiles d'argent mal ordonnées.*

(4) Templeux porte : *D'argent fretté d'azur de six pièces.*

de seigneur de Pisseleu ; il avait épousé *Jeanne des Moulins* (1), et il est fait mention de lui dès 1507 (2). De qui avait-il eu ce fief, que devint-il après ? Nous l'ignorons ; mais nous croirions volontiers que c'était ce même fief que possédait plus tard *Suzanne Le Sergent* (3), fille de Claude et de Charlotte Chahu, qui épousa, en 1607, *Thomas Le Clerc* (4), seigneur de Blicourt, conseiller du roi en ses conseils d'Etat et privé et intendant des finances, fils de Thomas Le Clerc et de Marguerite Louchard. A partir de cette époque, le fief de Pisseleu, provenant de Suzanne Le Sergent, suivit le sort de la seigneurie de Blicourt (5).

SEIGNEURIE DU CHAPITRE DE GERBEROY.

Le Chapitre de Gerberoy possédait plusieurs rentes sur le territoire de Pisseleu ; elles provenaient des ventes ou donations suivantes :

En 1215, les trois fils d'Hély II, seigneur de Pisseleu, *Nicolas*, *Denis* et *Aleaume de Pisseleu* lui vendirent une rente annuelle et perpétuelle de 20 sols à prendre sur le territoire de Pisseleu :

Nicolaus de Pisseleu, Dionisius frater, Aleimus de Pisseleu, vendiderunt XX solidos annui redditus Ecclesiæ Gerboredi, anno 1215 (6).

En 1252, le même Denis de Pisseleu, du consentement de *Ade*, son épouse, vendit au même Chapitre, moyennant 11 livres parisis, une rente annuelle et perpétuelle de 11 sols parisis, que ledit Chapitre aurait le droit de prendre sur un bois de vingt-neuf mines, sis à Pisseleu, et donnant en même temps au Chapitre le droit, dans le cas où la rente ne serait pas exactement

---

(1) Des Moulins porte : *D'or à trois anilles de sable.*

(2) Manuscrits de la bibliothèque de Troussures : généalogie de Templeux.

(3) Le Sergent porte : *D'azur à trois gerbes d'or.*

(4) Le Clerc porte : *D'argent à la croix de gueules bordée et engrelée de sable, cantonnée de quatre aiglettes de même, becquées et onglées de gueules.*

(5) Voir *Notice sur Blicourt*.

(6) Bibliothèque de Merlemont : manuscrits de Louvet.

payée, de saisir sur le seigneur de Pisseleu trente mines de terres labourables, ainsi que le manoir et le jardin qui l'entourait, ce que Pierre de Monsures confirma de la manière suivante :

Ego Petrus de Monsures, miles, notum facio universis presentes litteras inspecturis quod coram me constitutus Dyonisius de Pisseleu, homo meus, recognovit se de voluntate et assensu speciali Ade, uxoris sue, Andree, primogeniti sui, et aliorum heredum suorum, pro communi necessitate et utilitate eorumdem, vendidisse ecclesie Sancti Petri Gerborredensis pro quadraginta et una libris parisiensium, dicto Dyonisio et uxori sue, sicut coram me recognoverunt, integraliter persolutis, quadraginta et unum solidos parisiensium censuales reddendos in perpetuum a dicto Dyonisio et a successoribus suis post ipsum, singulis annis apud Gerborredum, in festo Sancti Dyonisii, capiendos super boscum quemdam quem dictus Dyonisius de me tenet, situm apud Pisseleu retro manerium dicti Dyonisii, viginti novem minarum spacium continentem: tali adjecta conditione quod totum jus et dominium quod in dicto bosco dictus Dyonisius et heredes sui habebant et habere poterant quoquomodo tanquam in censiva ad usus et consuetudines patrie de cetero transeant pacifice et quiete ad ecclesiam Sancti Petri superius memoratam. Insuper ad majorem securitatem adjectum est a dicto Dyonisio et uxore sua et heredibus suis concessum specialiter et expresse ut si forte, ex causa quacumque vel casu, dictus census prefate ecclesie Gerborredensi non solveretur in loco et tempore prelaxatis, ex tunc dicta ecclesia Gerborredensis assignare poterit ad omnia et singula que de me tenet dictus Dyonisius apud Pisseleu, scilicet ad triginta minas terre arabilis et ad manerium suum et gardinum et alia que de me tenet; et hec omnia tenebit dicta ecclesia et fructus inde proventuros, absque reclamatione et contradictione qualibet, integraliter percipiet, tamdiu donec de prefato censu et emenda et etiam de expensis quas circa hoc fecerit prefata ecclesia ipsi ecclesie fuerit integraliter satisfactum; et de expensis hujusmodi credetur juramentum sine alia probatione. Hec predicta universa et singula prefati Dyonisius et Ada, uxor ejus, voluerunt et concesserunt, fidem prestantes coram me corporalem, quod contra hec vel aliquod horum de cetero non venient, nec per se, nec per alios, circa hec facient aliquid reclamari sed legittimam dicte ecclesie super hec portabunt garandiam; et ad hec omnia fideliter et firmiter in perpetuum observanda dicti Dyonisius et Ada, uxor sua, se et suos heredes in perpetuum obligaverunt. Dicta vero Ada, uxor prefati Dyonisii, expresse renuntiavit omni actioni et juri quod habebat et habere poterat ratione dotis vel alia qualibet ratione in dictis rebus venditis vel obligatis, quantum pertinet ad venditionem supradictam; aliis salvo sibi jure suo; et super hoc dicta Ada, propria voluntate fidem prestitit corporalem. Ego autem Petrus supradictus, de quo tenet in feodum dictus Dyonisius supradicta vendita et obligata, et Alelmus de Pisselen, de quo ego teneo supradicta in feodum, dictam venditionem et obligationem laudamus, volumus et concedimus, et supradicte ecclesio Gerborredensi in perpetuum garandire promittimus, nichil nobis aut heredibus nostris in dicto bosco juris vel dominii retinentes, sed volumus et concedimus ut dictus boscus cum integritate juris et dominii quod habebamus et habere poteramus in ipso quoquomodo pacifice et quiete transeat in perpetuum ad ecclesiam Gerborredensem superius memoratam. In cujus rei testimonium et munimem ego Petrus et Alelmus presati sigilla nostra cum sigillo dicti Dyonisii presenti carte duximus apponenda. Actum anno Domini M° CC° L° II°, mense januario (1).*

En 1256, Nicolas de Pisseleu, frère de Denis, vendit aussi au Chapitre de Gerberoy, moyennant 20 livres parisis, 25 sols de rente annuelle à prendre sur les biens de Pisseleu, qu'il tenait de son frère Denis. Pierre de Monsures, de qui ce dernier tenait ces biens, approuva cette vente, ainsi que nous le voyons par la charte suivante :

Ego Petrus de Monsures, miles, ... quod Nicolaus de Pisseleu frater Dionisii de Pisseleu, armiger, recognovit vendidisse ecclesie S^{ti} Petri Gerbored, 25^s par. annui et perpetui census reddendos singulis annis apud Gerbored in die Remigii pro 20^l par. dicto Nicolao ab ipso solutis ad quos 25^s par. dictus Nicolaus dic^œ ecclesie obligavit totum feodum suum et hereditatem suam quem habet et tenet de dicto Dionisio fratre suo in feodum et dictus Dionisius de me tenet in feodum et ego teneo in feodum de Alelmo de Pisseleu, armigero..... nos Petrus, Dionisius et Alelmus, dictam venditionem approbamus. Actum anno M° CC° LVI° (2).

SEIGNEURIE DE L'ABBAYE DE SAINT-LUCIEN.

Les possessions de l'abbaye de Saint-Lucien étaient de peu d'importance. Cependant Pierre, vidame de Gerberoy, donna, en 1190, à cette abbaye, du consentement de son fils Pierre, alors âgé de vingt-deux ans, et de sa fille Mélissende, la voirie

---

(1) De Beauvillé : Documents inédits sur la Picardie : *Cartulaire du Chapitre de Gerberoy.*

(2) Bibliothèque de l'abbé Deladreue : Répertoire des titres du Chapitre de Gerberoy, année 1717.

avec le revenu et la justice qu'il pouvait avoir entre Pisseleu et Fontaine, sur les fiefs et terres cultivés par les sujets ou vassaux de ladite abbaye, se réservant seulement la connaissance des meurtres (1), ainsi qu'il appert par la charte suivante :

Ego Petrus Gerboredi Vicedominus tam præsentibus quam futuris notifico quod assensu filii mei Petri et filiæ meæ Melissendis dedi in perpetuam eleemosynam Ecclesiæ S. Luciani Belvacens. viariam cum red... tu et justitia sicut cam habebam inter Pisseleu et Fontanas, inter Galiamii et Luciacum in feodis et terris quæ ab hominibus et servientibus S. Luciani excoluntur. De duellis quæ ad me pertinent in manu mea relinco. Quod si hominum meorum feoda quæ... Hujus siquidem eleemosynæ ego et heres meus testes erimus et defensores. Actum anno Incarnati Domini M.C.XC (2).

Les quelques dîmes et champarts que l'abbaye de Saint-Lucien possédait étaient loués à son fermier de Coullemogne, ainsi qu'on le voit par le bail de 1690 (3). Cette grange était primitivement grevée d'une rente annuelle de sept quartiers de blé à rendre au seigneur de Pisseleu ; mais en 1489, Pierre de Pisseleu, seigneur du lieu, par un accord intervenu entre lui et Jean de Villers-Saint-Paul, alors abbé de Saint-Lucien, abandonna à l'abbaye son droit à cette redevance (4). L'abbaye de Saint-Lucien était tenue de fournir au vicaire de Pisseleu 120 livres chaque année, ainsi que nous le voyons dans la déclaration des charges auxquelles il était tenu, le 16 février 1757 (5). Mais les abbés vinrent en outre plusieurs fois au secours des habitants de cette paroisse : ainsi leur église ayant été fort détériorée, Jean-Baptiste Colbert, conseiller du roi en ses conseils et administrateur des biens du cardinal Mazarin, alors abbé de Saint-Lucien, leur abandonna quinze arbres pour les aider à faire leurs réparations ; aussi, en 1659, le curé et les habitants de Pisseleu remercièrent-

---

(1) Pillet : *Hist. de Gerberoy*. — Arch. de l'Oise : *Fonds de l'abbaye de Saint-Lucien*.

(2) Pillet : *Hist. de Gerberoy*, p. 337.

(3) Arch. de l'Oise : *Fonds de l'abbaye de Saint-Lucien*.

(4) *Ib.* et abbé Deladreue et Mathon : *Hist. de l'abb. de Saint-Lucien*.

(5) *Ib.*

ils cet abbé, tout en reconnaissant qu'il n'était nullement tenu aux réparations de leur église, et que cela ne pourrait en aucune façon tirer à conséquence pour l'avenir (1). Les biens ou droits de l'abbaye de Saint-Lucien, à Pisseleu, furent estimés, le 7 mars 1790, valoir 630 livres (2).

SEIGNEURIE DE L'ABBAYE DE BEAUPRÉ.

Cette abbaye possédait quelques biens à Pisseleu, et ils étaient loués à son fermier de Courroy; ils provenaient des donations suivantes : en 1150, Enguerrand, vicomte d'Aumale, lui donna tout ce qu'il possédait en cette paroisse (3). Au commencement du XIIIe siècle, Pierre de Pisseleu lui donna dix mines de terre, ce qui fut confirmé par Godefroy de Clermont-Nesle, doyen de Beauvais, par Mathilde, dame d'Oudeuil, du consentement de Robert de Milly, son fils (4). Vers la même époque, Hélye II, seigneur de Pisseleu, lui donna un muid de terre, ce qui fut confirmé par le même Godefroy, doyen de Beauvais; par Pierre de Monsures, seigneur d'Oudeuil en partie; par Mathilde, dame d'Oudeuil; par Pierre et par Gervais de Milly (5). Aleaume de Pisseleu lui donna aussi sept mines, relevant de Guillaume de Herchies, ce qui fut confirmé par les mêmes (6.; il donna également, en 1231 (7), vingt-deux mines de terre, sises en la vallée Cellaire, ce qui fut confirmé par Thomas de Polhay, par Gérard Havot, par Pierre et par Gervais de Milly et par Godefroy, doyen de Beauvais. Enfin Marguerite lui laissa, en 1286, par son testament, sept mines et vingt verges de terre. L'abbaye de Beaupré a joui de ces biens jusqu'à l'abolition des droits féodaux. Ces

---

(1) De Beauvillé : Documents inédits sur la Picardie.
(2) Archives municipales de Pisseleu.
(3) Archives de l'Oise : *Fonds de l'abbaye de Beaupré.*
(4) Archives nationales : *Cartulaire de l'abbaye de Beaupré.*
(5) *Ib.*
(6) *Ib.*
(7) Archives de l'Oise : *Fonds de l'abbaye de Beaupré.*

biens, qui se composaient de quatorze arpents de terre, furent estimés, le 7 mars 1790, valoir 220 livres (1)

SEIGNEURIE DES DAMES DE PENTHEMONT.

Les Dames de Penthemont avaient à Oudeuil un fief consistant en censives; ce fief s'étendait aussi sur Pisseleu (2), mais nous n'avons pu savoir en quoi il consistait dans l'étendue de cette commune, les pièces concernant ce fief ayant été distraites malheureusement des Archives départementales de l'Oise pour être transportées aux Archives Nationales, à Paris, où elles figurent dans le *Fonds des biens de Penthemont*, sous le n° 519. Nous savons seulement que ces censives furent estimées, le 7 mars 1790, valoir 100 livres (3)

LA CURE.

Pisseleu ne possédait pas autrefois d'église, mais en 1187 Jean et Pierre de Pisseleu, alors seigneurs dudit lieu, démontrèrent les inconvénients qui pouvaient résulter pour les habitants de ce village du trop grand éloignement d'Oudeuil, qui était leur paroisse, et obtinrent de Jean de Bar, alors évêque de Beauvais, l'autorisation d'y construire une église qui aurait le nom de Secours, et dont tous les droits appartiendraient au curé d'Oudeuil, lequel, moyennant une somme annuelle de 10 livres tournois, qui lui serait payée tant par les seigneurs que par les habitants de Pisseleu, serait obligé d'y célébrer la sainte messe le 8 septembre, fête de saint Adrien, qui fut le patron de l'église, et les dimanches et fêtes, sauf les jours des fêtes de Pâques, la Pentecôte, la Toussaint, Noël, l'Assomption et la Saint-Martin, patron de l'église d'Oudeuil, lesquels jours les habitants de Pisseleu seraient obligés de se rendre à Oudeuil, leur église paroissiale, ainsi qu'on le voit par les lettres qui furent expédiées et dont l'extrait suit :

---

(1) Archives municipales de Pisseleu.
(2) Titres du château de Douy.
(3) Archives municipales de Pisseleu.

Joannes, miseratione divina Episcopus, Belvacensis universis præsentes literas inspecturis salutem in Domino. Pro parte nobilium virorum Domini Joannis de Pisseleu militis, domini temporalis loci et territorii de Pisseleu au bois nostræ Belvacensis diocesis et Petri de Pisseleu feudum ceu dominium in ipso loco habentis aliorum quoque incolarum ipsius loci de Pisseleu nobis oblata querimonia continebat quod multa pericula in dies repente accidere poterant ob distantiam nimiam eorum Ecclesiæ Parochialis de Odorio castro in cuius Parochia situs existit d. locus de Pisseleu cum suo territorio eisdem incolis grave erat et exiat valde onerosum singulis diebus maxime Dominicis et festivis pro audiendo divina ad d. eorum Ecclesiam Parochialem adeo remotam ab eis et longinquam accedere et ipsum villagium sine habitatoribus maxime sive Capitaneis domorum sæpe relinquere. Nos igitur eorum precib. inclinati periculisque prælibatis occurrere volentes permittimus in sublevamen et succursum ipsorum ut præfati nobiles et alii incolæ d. loci de Pisseleu possint et valeant perficere Capellam quam jam in ipso loco incœperunt ædificare, in qua Capella Curatus d. Ecclesiæ Parochialis de Odorio castro in cuius est Parochia oblationes sibi de iure communi spectantes pertinebunt et alia quæ Curato competere debent nec non decem libras Tur. annui et perpetui redditus habebit et percipiet de quibus d. Joannes de Pisseleu, principalis Dominus temporalis illius loci duas libras Tur. constituit et assignavit in perpetuum super manerio principali ipsius terræ, etc., dictus quoque Petrus decem solidos Tur. annui et perpetuo redditus super suo feodo in d. loco existente etc. libras autem septem et decem solidos alii incolæ super se suosque successores constituerunt et assignaverunt, Curatus autem prædictus et sui successores Curati loci de Odorio castro quamdiu gaudebit et gaudebunt prædicto annuo reddit tenebitur et tenebuntur in futurum per se aut per Vicarios die festi sancti Adriani omnib. festivitatib. Apostolorum et dieb. dominicus Paschæ, Pentecostes, Palmarum, Nativitatis Domini, Omnium Sanctorum, B. Mariæ Virginis ac S. Martini Patroni in quib. prædicti incolæ Parochialem Ecclesiam adire tenebuntur dumtaxat exceptis, Missam dicere et celebrare in dicta Capella.

Nec volumus quod in Capella prædicta contra perhibitionem dicti Curati Missas aut aliud officium dici aut fieri facere possint D. incolæ, hoc enim ipsis et illis per quos hæc niterentur fieri facere interdicimus et prohibemus. In quorum omnium fidem et testimonium permissorum presentes literas sigilli nostri fecimus munimine roborari. Datum Belvaci anno 1487, die 20 mensis novembris (1).

---

(1) Louvet : Hist. et Antiq. du Beauvaisis, t. 1, p. 823.

Cette chapelle fut bénite le 13 juin 1487 (1). Mais peu après les habitants de Pisseleu reconstruisirent une église plus importante qui, en 1521, fut érigée en vicariat avec cimetière. Louis de Villiers de l'Isle-Adam, évêque-comte de Beauvais, étant venu à mourir vers cette époque, les grands vicaires s'adressèrent à un évêque de l'ordre de Saint-François, Jean de Pleurs, *episcopus Ruissionensis vel Ruissiensis*, et l'invitèrent à venir la consacrer. Ce prélat, qui exerçait un ministère libre, accepta les fonctions qui lui étaient offertes, et pendant deux années consécutives il parcourut le diocèse pour faire la dédicace d'un grand nombre de nouvelles églises. La dédicace de celle de Pisseleu fut faite le 22 mai 1522 (2). Cet état de choses dura jusqu'en 1832, époque à laquelle l'église de Pisseleu fut érigée en succursale, d'où dépendit Oudeuil-le-Châtel, son ancienne paroisse.

Voici les noms de quelques-uns des curés ou vicaires de Pisseleu :

1624, Louis Aurillon, curé d'Oudeuil et Pisseleu,
1654, André Duruol ou Dusuolle, curé d'Oudeuil et Pisseleu,
1657, Robert Osmont, curé d'Oudeuil et Pisseleu.
1670, Denis Martin, curé d'Oudeuil et Pisseleu.
     Jean Chevallier, prêtre du diocèse d'Amiens, vicaire de de Pisseleu.
1674, Paul Bouteille, vicaire de Pisseleu.
1685, Mesnard, curé de Blicourt, fait l'intérim.
1692, Monard, vicaire de Pisseleu.
1694, Barbet, vicaire de Pisseleu.
1696, Domnerel, vicaire de Pisseleu.
1699, Jean Vacquerie, vicaire de Pisseleu.
1705, Cautrel.
1717, Boulanger.
1727, Tribout, curé de Blicourt, fait l'intérim.
1729, Vigneron.
1733, Lemaire.
1742, Langlois.

---

(1) Graves : *Statistique du canton de Marseille*.
(2) Louvet : *Hist. et Ant. du Beauvaisis*. — Abbé Delettre : *Hist. du diocèse de Beauvais*.

1745, Coeffier.
1751, Halleur.
1754, Nicolas de Villers.
1757, Letailleur.
1766, Pierre-François Lelièvre.
1769, Jacques Flouret.
1780, Wattelin. Ce fut lui qui fit construire le presbytère actuel.
1786, Jean-Baptiste Carpentier; il mourut à Pisseleu le 16 avril 1789 et fut inhumé vis-à-vis le portail de l'église.
1790, Blanvin, qui, après avoir été doyen de Froissy, mourut chanoine de la cathédrale de Beauvais. Le 21 mars 1791, il désavoue son serment civique tel qu'il a été envoyé au district de Grandvilliers, et déclare le faire de la manière suivante : « Je jure premièrement d'être fidèle à
« Dieu, à la religion, à la foy, à l'Eglise catholique,
« apostolique et romaine, et ensuite conciliant autant
« qu'il sera en mon pouvoir les devoirs de citoyen avec
« ceux de chrétien ; je jure pareillement de remplir avec
« exactitude les fonctions de mon ministère, d'être
« fidèle à la nation, à la loi et au roi, et de maintenir
« de tout mon pouvoir la constitution décrétée par l'as-
« semblée nationale et acceptée par le roi » (1).
1792, Mahaut, dernier vicaire de Pisseleu, exerce jusqu'au 11 novembre 1792.
L'abbé Darlois (2) indique comme ayant exercé pendant la Révolution : MM. Ancelin, Jacquemard et Laroinse, mais rien ne prouve cette affirmation ; Pierre Jacquemart habita en effet Pisseleu, mais ne dut exercer aucun ministère.
1795, le 6 octobre, Philippe Delannoy, ouvrier en laine, déclare qu'il se propose d'exercer le ministère d'un culte connu sous la dénomination de Catholique dans l'étendue de la commune, et a requis qu'il lui soit décerné acte de sa soumission aux lois de la République (3).

---

(1) Archives municipales de Pisseleu.
(2) Liste des curés de Pisseleu donnée à M. Descateaux, instituteur.
(3) Archives municipales de Pisseleu.

1804, Julien, curé de Pisseleu.
1810, Taconnet, curé de Blicourt, fait l'intérim pendant vingt-deux ans.
1832, Floury, Pisseleu est érigé en succursale.
1836, Mouchet.
1839, Robert, mort le 5 septembre 1840, fut enterré devant le portail de l'église.
1840, Rabardelle, curé de Blicourt, fait l'intérim.
1843, Hadengue.
1847, Lescuyer.
1851, Lesobre, curé de Juvignies, fait l'intérim pendant six mois.
1852, Quillet.
1854, Warmé.
1857, Dartois ; il fonda le pèlerinage de sainte Clotilde à Oudeuil, sa desserte.
1867, Vassel.
1871, Leviel, curé de Juvignies, fait l'intérim pendant deux mois.
1871, Briot quitta Pisseleu en 1872 pour aller à Blicourt avec le titre de curé de Blicourt et de Pisseleu ; il est encore actuellement en exercice.

L'église actuelle, qui n'a aucun style, fut construite en 1828 ; malheureusement un de ses côtés est baigné par une mare, ce qui lui donne beaucoup d'humidité. L'autel, les stalles, la chaire et les statues datent seulement de 1845, et elle n'a trois cloches que depuis 1864.

La fabrique de Pisseleu était peu riche avant la Révolution. Voici, du reste, quels étaient ses biens, vendus le 20 mars 1793 (1) :

Vingt-deux verges deux tiers au moulin de Pisseleu, vendues à Louis Delannoy moyennant 230 livres.

Trente verges au même lieu, à Jacques Minel, moyennant 225 livres.

Trente-six verges au plant Charlot, à Alexis Delannoy, moyennant 230 livres.

Trente verges à La Longue-Haleine (Blicourt), à François Hénocq, moyennant 505 livres.

Une mine au chemin du Moulin, à Pierre Delannoy, moyennant 535 livres.

---

(1) Archives de l'Oise ; Vente des biens nationaux.

Une mine au chemin de Bilcourt, à Pierre Delannoy, moyennant 655 livres.

Trois quartiers aux Cailloux, à Charles Delannoy, dit Quillet, moyennant 230 livres.

Une mine et sept verges au courtil Margot, à Alexandre Delannoy, moyennant 460 livres.

Une mine au Faux-Camp (Bilcourt), à François Hénocq, moyennant 230 livres.

Trois quartiers au Moulin-Rompu (Bilcourt), à Jean Boulet, moyennant 440 livres.

Quarante verges derrière le Clos Blond, à Antoine Minet, moyennant 350 livres.

Demi-mine aux terres Lizières, à Charles Delannoy, dit Tout-Caux, moyennant 215 livres.

ADMINISTRATION CIVILE.

A Pisseleu, comme presque partout, l'administration ne commence qu'en 1789.

Auparavant, la police, les droits fiscaux, l'entretien des chemins, la fixation de la corvée, les droits de mutations et de ventes étaient entre les mains des seigneurs.

Les habitants pouvaient cependant s'assembler pour traiter les affaires concernant les intérêts de leur communauté, sous la présidence d'un syndic chargé de les défendre. Leur premier acte d'émancipation est leur cahier de plaintes et doléances rédigé pour l'assemblée des Trois-Ordres du bailliage de Beauvais.

Ces plaintes et doléances étaient ainsi conçues :

Cahier de plaintes et doléances de la paroisse de Pisseleux pour les prochains Etats Généraux.

Art. 1. — Sa Majesté sera très humblement suppliée de pourvoir à ce que les bénéfices soient accordés qu'aux sujets les plus dignes, sans distinction de rang ni de qualité, que les cures n'en soient accordées qu'aux sujets et à des pasteurs éclairés et de mœurs irréprochables, à ce que les dixmes en général et sans distinction soient rendues au pasteur de chaque église, à qui elles appartiennent de droit naturel, qu'elles soient affermées par chacun an au plus offrant, et que sur leur produit il soit levé une somme nécessaire pour l'entretien honnête du curé, à la charge d'administrer les sacrements sans aucune rétribution, et que le reste soit employé à la nourriture des pauvres ; et partie même à séquestrer pour servir aux réparations des églises et presbytères, écoles si elles suffisent. Or que les communautés religieuses presque désertes soient réunies au petit nombre de maisons, au nombre de vingt religieux au moins, à qui il seroit accordé un entretien honnête et suffisant, et que le reste des revenus des dites maisons soient employé pour le moment au besoin de l'Etat, de ce que ce bien n'y est pas contribué depuis plusieurs siècles, et même qu'ils veulent percevoir les dixmes insolites au lieu qu'il ne leur est dû que quatre sortes de grains.

Art. 2. — Pour l'impôt territorial proposé cy-devant par Sa Majesté, lesquels s'étendent en argent toutefois sur tous les biens de fonds et autres revenus quelconque, soient supportés également par le Clergé, la Noblesse et le Tiers-Etat, parce que les revenus du Clergé et de la Noblesse ne sont sujets à aucun évènement imprévu.

Art. 3. — Supplie que Sa Majesté de vouloir ordonner qu'à la suite des charges de l'Etat de quelques natures qu'elles soient supportées également par tous les individus de l'Etat, sans distinction, à raison de leur propriété, et abroge tous privilèges duement obmis jusqu'à ce jour.

Art. 4. — L'on supplie Sa Majesté de considérer que la paroisse de Pisseleux, aujourd'huy réduite à la mendicité, écrasée sous le poids des impôts, qui, depuis vingt ans, ont plus que le double, et qu'il est impossible d'en supporter un accroissement à moins que de soulager par la suppression des droits des aydes et des gabelles qui aggravent son joug, et dans lesquels il se fait chaque jour de part et d'autres des malheurs sans nombre.

Art. 5. — Il serait bien à souhaiter à Sa Majesté, qui aime et cherche les biens de ses peuples, voulut bien établir un seul impôt général, simple dans sa perception, et dont le montant restera sans frais dans ses trésors, ou d'accorder un abonnement général à toutes ses provinces.

Art. 6. — L'Etat, par ce moyen, se trouverait déchargé d'un grand nombre de préposés, dont les places montent à de trente et quarante mille francs, de contrôleurs ambulants et d'une multitude infinie de commis qui coûte à l'Etat plus de deux tiers des sommes perçues sur le peuple, de manière que sur quarante millions que peuvent produire les aydes et gabelles, il n'en reste pas douze millions dans les trésors de Sa Majesté. Supplie Sa Majesté de vouloir supprimer les aydes et demande que le sel soit imposé à tant par tête, que l'on fasse des classes pour établir sa proportion, et que ce qui sera nécessaire à chaque tête fournie, le sel devienne objet de commerce libre.

Art. 7. — Il serait à souhaiter que Sa Majesté et les Etats-Généraux puissent s'occuper du travail et réduire toutes les coutumes de la France, toutes les mesures, tous les poids en un seul, ainsi que de faire et réduire en un seul et même droit les droits de roulage et terage diversifiez à l'infini dans les différents marchés.

Art. 8. — On supplie Sa Majesté de faire ordonner que toutes les bannalités seront prescrites et odieuses et entièrement à charge à ses peuples.

Art. 9. — On supplie Sa Majesté d'avoir égard pour ses peuples des changements de routes qu'il conviendroit seulement de réparer par la formation des routes nouvelles très préjudiciables aux propriétaires et ruineuses pour l'État et le peuple, dont on fait monter la dépense au moins à quarante mille livres pour une lieue d'étendue, et qu'il seroit à propos de réparer les anciennes, qu'il coûteroit plus de moitié moins sans faire tort aux propriétaires et cultivateurs, en rétablissant la route de Callais, passant dans la Picardie comme par Oudeuil, Pisseleux, comme étant une lieue plus courte et plus ancienne et plus ouverte et la plus au centre du commerce pour la capitale.

Art. 10. — Supplions Sa Majesté de vouloir bien nous accorder que le tirage de la milice ne soit point pratiqué toutes les années, à cause que cela est trop dispendieux pour les sujets qu'ils ont plusieurs enfants pour le tirage.

Art. 11. — Enfin il seroit à propos de faire supprimer les haras, que les cultivateurs ne soient plus dans le cas d'aller conduire leurs juments pour la revue des étalons, temps mal employé et inutile pour avoir des poulains, vu que dans nos cantons il en devient un abus.

Fait et arrêté à l'assemblée municipale, le dimanche premier mars mil sept cent quatre-vingt-neuf, et avons signé :

    Pierre WUALLET, Remy RENEL, ROUSSEL, Louis DE LANNOY, Charles DELANNOY, Antoine MINEL, Pierre DELANNOY, Alexandre DELANNOY, MINEL, Antoine VUALLET, Jean CHEVALIER, François DELANNOY, Noël WUALLET, Jean MINEL, Jean BOUFFET, Alexandre WUALLET, Philippe DELANNOY, Ch.-F. COINTE, J.-B. BOUFFET, Louis BOUFFET, Ant. MINEL, C.-Gervais DELANNOY, A. BOUFFET, F. ROUSSEL, J. VUALLET, A. WALLET, J. LEROUX, C. CROSNIER, P.-Martin DELANNOY, Phil. FLAMARD, Y.-Josse FLAMARD, A. DELANNOY, J. DELANNOY, Charles VUALLET, E¹. MONNOS, J. FLAMARD, A. BOUFFET, DELANNOY, greffier, GUPIN, Philippe ROUSSEL, BAUGER, syndic (1).

Nous avons parcouru les anciens registres de la municipalité de Pisseleu et nous avons vu que dans cette commune la Révolution avait passé sans échauffer les esprits ; et que l'assemblée municipale se considérait comme une assemblée chargée plutôt de maintenir la police que de tout détruire comme dans beau-

---

(1) Archives dép^{les} de l'Oise. Série B, 56 : *Cahiers des États Généraux.*

coup d'autres communes ; aussi n'avons-nous à citer que très peu d'éphémérides dignes d'intérêt.

1793, 16 septembre. On brûle les cueilloirs des censives et autres titres féodaux des seigneurs de Blicourt et de Sauqueuse-Saint-Lucien, qui se trouvaient entre les mains de leur fermier, à Pisseleu.

1793, 2 décembre. On descend les cloches du clocher. On envoie au chef-lieu du district les cuivres de l'église. On supprime les croix et les figures des saints. On ne dit plus la messe ni dimanches, ni fêtes.

1795, 24 juillet. J.-B.-Pierre Jacquemart, ministre du culte catholique, prête le serment suivant : « Je reconnais que l'universalité des citoyens « français est souveraine et je promets soumission et obéissance aux lois « de la République ».

1795, 21 août. J.-B.-Pierre Jacquemart, ci-devant religieux à Saint-Lucien, pensionné de la République de 800 livres, déclare faire sa résidence à Pisseleu.

1795, 21 août. Marie-Madeleine Tonnelier, dite sœur Françoise, ci-devant Ursuline, pensionnée de la République, déclare faire sa résidence à Pisseleu.

1797, 10 septembre. J.-B.-Pierre Jacquemart prête le serment de haine à la royauté et d'attachement et de fidélité à la République et à la Constitution de l'an III.

Voici la liste des maires de Pisseleu :

1790. Jean Poncin.
1791. Renel.
1800. Jean Minel.
1806. Jean-Baptiste Plé.
1809. Minel.
1810. Charles Delannoy, officier en retraite.
1828. François Wuallet.
1833. Boulanger.
1834. Jean-Pierre Wuallet.
1835. Pierre Minel.
1842. Pierre Delannoy.
1851. Hippolyte Chevallier.
1858. Pierre-Étienne Delannoy.
1860. Louis-Nicolas Roisin.
1870. Ernest Lacaille.
1878. Sosthène Melin.
1881. Ernest Lacaille.
1887. Jean-Baptiste Bouffet.

INSTRUCTION PUBLIQUE.

La commune de Pisseleu ne possède qu'une école pour les enfants des deux sexes, et l'instruction y est donnée par un instituteur laïque. La classe est généralement fréquentée et la population instruite. On ne trouve plus guère aujourd'hui d'habitants ne sachant ni lire ni écrire.

Voici le nom de quelques-uns des instituteurs qui s'y sont succédé :

- 1780. Alexis Delannoy, qui, pendant la Révolution, fut aussi secrétaire-greffier.
- 1832. Anty.
- 1880. Descaleaux.
- 1882. Baticle, actuellement en exercice.

INDUSTRIE.

Autrefois la plupart des habitants de Pisseleu étaient occupés au filage, au peignage des laines et à la confection des chaînes; mais ces industries sont aujourd'hui complètement abandonnées, et, à part quelques femmes qui font des brosses, toute la population est occupée aux travaux agricoles. On voit encore sur le territoire de cette commune un moulin à vent qui ne moud plus maintenant que des orges et des avoines.

LIEUX-DITS.

Nous allons donner ici les lieux-dits ou portions du territoire portant des dénominations particulières; nous suivrons l'ordre dans lequel ils sont inscrits au cadastre.

Le territoire de Pisseleu est divisé en deux sections seulement.

SECTION A. — SECTION DU VILLAGE.

Le Chemin de Blicourt.
Le Plan Simon Charlot.
Le Bout de la rue Jean Cadot.
Derrière le jardin Tonnelier.
La Borne Charlot.
Derrière le Jardin à Vesce.
Le Carcan Pluque.
Le Plan Philippe.

MAISON ET PAROISSE DE PISSELEU.

La Hayette.
Les Patis.
Le Vieux Moulin.
Les Vignes.
Le Chemin de Beauvais.
Pisseleu.

SECTION B. — SECTION DE LA NAVETTE.

Le Fond d'Oudeuil.
Le Bosquet Pié.
Le Poirier Saint-Martin.
La Terre Lisière.
Le Chemin d'Oudeuil.
La Trompe d'Or.
Derrière le jardin Jean Lebesque.
Le Chemin de Coulemogne.
Le Champ Poru.
Le Chemin de Monceaux.
Le Penthemont.
Le Bosquet Boiteux.
La Navette.
Le Plan Laurent.
La Fosse Huet.
Le Chemin de Beauvais.
Les Cailloux.
Le Fond de Perronne.
Le Chemin du Fond de Perronne.
La Briqueterie.
Le Chemin de Fouloy.
Le Chemin des Anglois.
Le Plan à Cul.